Wirtschaft

Von Dr. Ulrike Reisach

Illustriert von Joachim Knappe

Vorwort

Wirtschaft ist allgegenwärtig im Leben junger Menschen. Sie sind als Käufer oder Sparer, als Ferienjobber und als Auszubildende auf vielfältige Weise wirtschaftlich aktiv. Junge Leute gestalten aber auch die Wirtschaft der Zukunft – ob als Wissenschaftler, Jungunternehmer, Aktionäre oder Arbeitnehmer. Viele Situationen des Alltags wie auch die dringenden gesellschaftlichen und politischen Fragen unserer Zeit lassen sich ohne Kenntnis der wirtschaftlichen Zusammenhänge nicht verstehen.

Dieses WAS IST WAS-Buch erklärt jungen Lesern einfach und anschaulich, wie Wirtschaft funktioniert. Markt und Wettbewerb werden ebenso plastisch dargestellt wie die wirtschaftlichen Akteure: private Haushalte, Unternehmen und Staat. Der junge Leser lernt die Bedeutung des Geldes kennen, die verschiedenen Formen des Sparens, die Rolle der Banken und die Bedeutung von Aktien und Börsen. Er erfährt, wie ein modernes Unternehmen aufgebaut ist, wie ein Betrieb erfolgreich wirtschaftet und warum wir Steuern zahlen müssen. Praktische betriebswirtschaftliche Fragen wie Buchführung, Kostenkalkulation und Bilanzierung werden mit einfachen Beispielen erläutert.

Das Buch spannt den Bogen von den Anfängen des modernen Wirtschaftens in der Zeit der Industrialisierung bis hin zu den heutigen Eckpunkten des Wirtschaftsgeschehens – zur sozialen Marktwirtschaft und zum internationalen Handel. Der Zusammenhang von Wirtschaft und Gesellschaft wird auf spannende Weise verständlich; dabei finden Aspekte wie Armut und Reichtum, Umwelt und Technik ebenso Berücksichtigung wie die Auswirkungen der Globalisierung.

■ Dieses Buch ist auf chlorfrei gebleichtem Papier gedruckt.

DANKSAGUNG:
Für die freundliche Unterstützung bedanken wir uns bei Plan International Deutschland,
(www.plan-international.de) sowie Siemens-Pressebild München.

BILDQUELLENNACHWEIS:
FOTOS: AKG, Berlin: S. 22ol, 22or, 32om, 50um, 52om; Bayer AG Leverkusen: S. 17; Bildarchiv Preußischer Kulturbesitz, Berlin: S. 11o, 11m, 23ur, 50ul; Bulls Bikes, www.bulls.de: S. 39; Camerapress: (Ferguson) S. 15u, 19ur; Corbis Stock Market, Düsseldorf: S. 6o, 6om, 9m, 19um, 25, 28or, 29or, 32or, 34/35m, 37or, 39u, 42/43m, 48m, 50ur, 52ol, 56/57m, 57ur, 60or; Daimler Chrysler: S. 29u, 46u, 55or, 55mr, 59ur; Deutsche Post AG: S. 48ur; dpa: S. 17ol + or (Milka), 17m, 22r, 42 m, 44mu, 56ol, 58or, 60ol, 60ul, 61o; fischerwerke, Waldachtal: S. 36; Focus Bildagentur: S. 19 o+m, 28um, (Zizola) 35or, (Hornback) 44ol, (Glinn) 48o; Freilichtmuseum Finsterau: S. 22ul; Getty Images: S. 6l, 41om, 50um, 52um, 52ul, 58ol; Geyer Wolfgang, Nürnberg: S. 4; Greenpeace, Hamburg: S. 59o; Haribo, Bonn: S. 16/17 m; HypoVereinsbank München, Geldscheinsammlung: S. 8om; Illuscope, Wien: S. 6u, 9ul, 9or, 12u, 13ol, 15o, 28um, 39o, 44ul, 46m, 46ml, 46or, 49ul, 53ur, 56u; Joker Bildagentur: S. 56o; Keystone Bildagentur: S. 1ol, 16m, 17or, 34o, 37u, 49u, 51ml; Mauritius Bildagentur: S. 1, (Kupka) 10o, (Rosenfeld) 13u, 23o/om, 23ul, (Manus) 26ol, (Gebhardt) 26u, (Pearce) 26m, (Ripp) 27, (H.T.M.) 28or, (Rosenfeld) 28ol, (Pöhlmann) 40/41m, (Ripp) 44ol, (Rosenfeld) 44um, (Elsen) 45o, (Stock Image) 49r, (AGE) 50o, 51, (Rosenfeld) 59ml, (Hackenberg) 59um; Moneymuseum, Zürich: S. 8ol; Picturepress Bildagentur, Hamburg: (Hengstenberg) S. 12om, 18u, (Lehmann) 20lo, (Rosenfeld) om, (Eick) 20mr, (Rosenfeld) 20or, (Reinhard) 20om, (Innerhofer) 20ol, 22ur, (Koch) 28ur, 50ur, (Kanicki) 28ol, (Innerhofer) 28ur, (Vollert) 42ol, (Vollert) 43or, (Kähler) 47o, (Oppenheim) 58/59m; Plan International, Hamburg: S. 56or, 58ul, 60/61u; Rugmark.de: S. 60o; Siemens Pressebild, München: S. 22o, 28ul, 41ur, 49m, 55om; Sony Deutschland GmbH: S. 39; Stadtsparkasse Köln, Th. Lautz: S. 6or, 7ol; Swatch.com: S. 36; tesa AG, Hamburg: S. 17; Ullstein Pictures: S. 38o; Walmart.com: S. 29 ol; Zefa: S. 12ol, 16 u+m, 23ul, 44om, 46ol, 48u, 52or, 52/53m;

UMSCHLAGFOTOS: dpa, Getty Images, Picture Press;
ILLUSTRATIONEN: Joachim Knappe, Hamburg;
Frank Kliemt, Hamburg: S. 54o;

ISBN 3-7886-0824-2

Inhaltsverzeichnis

Weiterhin starke Kurschwa...

Dax dreht ins Plus / Schering-Aktie gewi... / HypoVereinsbank-Papiere mi'

Devisen und Gold

Prozent auf 11,9
Titel gewannen

Wirtschaf
Lehrstellen

Kräftiges Wachstum in
der Computer-Branche

lsb. **London** – Aus der europäischen Com-
puterindustrie kommt ein überraschen...
positives Konjunktursignal: In Irland...
die Produktion von Computern,...
ware und verwandten Produkte...
saisonbereinigt um 6,7 Prozen...
über April gestiegen, so das in...

Prozen
ten die

Euro hält sich
über 0,98 Dolla

Von Nils K.

Berlin – Die deutsche W
fenbar mehr Lehrstell
als sie bislang in Aussic
Der Präsident des Deuts
und Handelskammertage
wig Georg Braun, appell
Kollegen den Bundesl
ternehmen n...
en, „ihr A
...rstärken oc
...n reagiert.
...Bundeska
in dem er
...um gebe
...nger i...
...s i...
...usr...

Wirtschaft im Alltag

Warum wirtschaften die Menschen?

Für die ersten Menschen war es eine Überlebensfrage zu wirtschaften. Ob Nahrung, schützende Kleidung oder ein Dach über dem Kopf – alle Dinge, die die Menschen brauchten, mussten sie sich erst mühevoll beschaffen oder anfertigen. Das Empfinden von Mangel und Knappheit ist somit eine sehr alte Erfahrung der Menschen – eine Tatsache, die wir in unserem heutigen Wohlstand oft vergessen. Die Menschen waren von Anfang an gezwungen zu planen, Vorsorge zu treffen sowie sparsam und erfinderisch zu sein – also zu wirtschaften.

Der sorgsame Umgang mit der Natur und ihren Schätzen, aber auch mit der menschlichen Arbeitskraft gilt seit dem großen griechischen Philosophen Aristoteles vor mehr als 2300 Jahren als das grundlegende Prinzip der Wirtschaft. Sie wird deshalb nach dem griechischen Wort „oeconomia" auch Ökonomie genannt.

Bin ich wichtig für die Wirtschaft?

Jeder von uns ist Teil der Wirtschaft. Du zum Beispiel wirtschaftest mit deinem Taschengeld: Du kaufst ein, und vielleicht lässt du dich bei deiner Kaufentscheidung von der Werbung beeinflussen. Manche deiner Freunde planen besonders gut und teilen sich das Geld ein, um bis zum nächsten Taschengeld-Termin damit auszukommen, andere sparen für größere

Der Fahrradkauf

Alex überlegt, wie er das Geld für sein neues Fahrrad zusammenbekommen könnte. Einige alte CDs, die er schon lange nicht mehr hört, verkauft er auf dem Flohmarkt.

Alex entdeckt auf einem Werbeplakat ein neues Mountainbike. Von so einem Fahrrad träumt er schon lange. Das muss er haben!

Anschaffungen, zum Beispiel für ein neues Fahrrad oder einen CD-Player. Manche verdienen vielleicht schon selbst Geld, indem sie ihren Eltern, Freunden oder Bekannten helfen – zum Beispiel durch Babysitten, Hundeausführen, Autowaschen oder als Nachhilfelehrer. Offiziell darf man ab 13 Jahren zwei Stunden täglich leichte Arbeit verrichten, etwa Zeitungen austragen. Jugendliche ab 15 können schon eine „richtige" Arbeit annehmen, zum Beispiel eine Lehre beginnen. Wer noch zur Schule geht, darf dann in den Ferien jobben – doch nicht länger als vier Wochen.

Wirtschaften hängt eng mit Sparsamkeit, mit Planung und mit Verantwortung zusammen. Dazu gehört zum Beispiel, Geld nicht zu verschwenden, sondern sinnvoll einzusetzen. Und dazu gehört auch, dass wir mit den Gütern, die uns die Natur geschenkt hat oder die andere Menschen mühevoll hergestellt haben, verantwortungsbewusst umgehen. Wirtschaften bedeutet Vergleichen, Organisieren, neue Produkte oder Lösungen erfinden, unterschiedliche Interessen verstehen und ausbalancieren, Regeln und rechtliche Beziehungen zwischen Partnern durchschauen und gestalten.

Wenn jemand plan- und ziellos vorgeht und die Wünsche seiner Familie, seiner Kunden oder seiner Mitarbeiter nicht beachtet, handelt er unwirtschaftlich. Besonders schlecht ist das, wenn andere Menschen auf eine bestimmte Leistung warten, zum Beispiel auf eine Warenlieferung, und darauf angewiesen sind, dass diese pünktlich und in guter Qualität eintrifft. Nicht umsonst sagt man beim Anblick chaotischer Zustände „Ist das eine Wirtschaft!" und meint damit: Es ist eben keine versorgende und vorsorgende Wirtschaft, keine, bei der besondere Erfolge zu erwarten sind, keine, auf die man sich verlassen könnte.

Was bedeutet Wirtschaften?

Auf dem Sparbuch hat Alex 450 Euro. Ein bisschen schwer fällt es ihm schon, das mühsam angesparte Geld abzuheben – aber das Fahrrad ist es wert, findet er.

3

Wir alle sind ein Teil des Wirtschaftsgeschehens – ob als Käufer oder Sparer, in Beruf oder Ferienjob, als Verkäufer auf dem Flohmarkt oder als Zielgruppe der Werbung.

4

Alex beim Jobben. Zweimal die Woche führt er morgens und abends die Hunde der Nachbarn Gassi. Das macht ihm Spaß und er verdient ganz gut dabei.

5

Am Ende der Sommerferien hat Alex das Geld für das neue Mountainbike zusammen. Jetzt wird er erstmal eine Probefahrt machen!

Das Geld

Ohne Geld wäre unser Leben heute kaum vorstellbar. Wir alle brauchen es jeden Tag: um beim Bäcker ein Brot zu kaufen, um die Fahrkarte für den Bus zu lösen, um ins Kino zu gehen oder um die Miete für die Wohnung zu bezahlen. Fast alle Dinge, die wir brauchen, kosten Geld. Unsere Wirtschaft lebt davon, dass Menschen miteinander Handel treiben, etwas kaufen oder verkaufen, und das Geld macht dies möglich: Mit ihm bezahlen wir.

Was ist Geld?

Für uns besteht Geld heute aus Münzen und bunten Scheinen, auf die der Wert des Geldes aufgedruckt ist. Doch das war nicht immer so. Im Laufe der Geschichte hat Geld viele verschiedene Erscheinungsformen angenommen. Bei manchen Völkern galten Federn, Perlen oder die Zähne von Delfinen als Geld, anderswo bezahlte man mit Kleidern und Stoffen, mit Biberfellen oder Getreide. Geld ist also immer das, was zu Geld gemacht wird. Wie es aussieht und wie es heißt, ist nicht entscheidend, wichtig ist, dass man es gegen andere Dinge eintauschen kann. „Geld" nennen wir ein Zahlungsmittel, das von allen anerkannt wird.

Gab es schon immer Geld?

Ganz zu Anfang in der Geschichte der Menschheit gab es noch kein Geld. Die Menschen der Altsteinzeit, die als Jäger und Sammler durch die Wälder streiften, besaßen kaum genug zum Überleben.

Im Laufe der Jahrhunderte waren viele verschiedene Dinge als Geld in Gebrauch. Man bezahlte mit Vieh, Salzbarren oder Gewürzen, mit seltenen Muscheln oder, wie die Bewohner der Südseeinsel Yap, mit großen gelochten Scheiben aus Stein.

Sie hatten Mühe, sich und ihre Familien mit dem Notwendigsten zu versorgen: mit Nahrung, Kleidung und Vorräten für den Winter. Das Wenige, was die Menschen besaßen, brauchten sie selbst, an Handel war also kaum zu denken. Waren tauschte man meist nur innerhalb der Familie.

Wer nicht mit auf die Jagd gehen konnte, blieb an der Feuerstelle zurück, schnitzte Werkzeuge oder Waffen, fertigte aus Fellen Kleidung an oder stellte Vorräte her. Die Jäger versorgten die Zuhausegebliebenen mit Nahrung und erhielten dafür Kleidung oder Werkzeug. Diese einfache Form der Wirtschaft nennen wir Naturalwirtschaft.

Warum wurde das Geld erfunden?

Als die Menschen mit dem Ackerbau begannen und sesshaft wurden, begann sich ein reger Tauschhandel zu entwickeln. Die Vorratshaltung wurde wichtiger, da man nicht mehr den Tieren nachzog, sondern an einem festen Ort den unterschiedlichsten Wetterbedingungen ausgesetzt war. Samen von Früchten mussten für die nächste Aussaat aufbewahrt werden. Die Menschen bauten Häuser zum Wohnen, Ställe für die Tiere, Vorratskammern und Speicher für das Getreide. Erstmals wurde nun etwas mehr hergestellt, als zum eigenen Überleben nötig war, und mit diesen überschüssigen Waren konnte man Handel treiben.

Doch dabei tauchte ein neues Problem auf: Nicht jeder kann das gebrauchen, was der andere ihm anbietet. Wer einen Sack Getreide verkaufen will, aber keine Fische benötigt, kommt mit dem Fischer nicht ins Geschäft. Und nicht alle Waren sind gleich viel wert. Wer möchte schon einen Ochsen gegen ein paar Hühner eintauschen? Das wäre ein schlechtes Geschäft. Man musste also ein Tauschmittel finden, mit dessen Hilfe sich der Wert der einzelnen Dinge vergleichen ließ und das gegen jede Art von Ware eingetauscht werden konnte.

Dieses Tauschmittel musste haltbar sein, durfte also nicht an Wert verlieren, indem es rasch verfaulte oder verdarb. Die ersten Tauschmittel waren meist haltbare Nahrungsmittel wie Getreide oder Salz, Gewürze oder Tee. In vielen Gegenden wurde auch mit Vieh bezahlt. Auch Muscheln, Edelsteine und kleine Goldklumpen dienten als Zahlungsmittel. Sie mussten selten sein, um einen Wert zu verkörpern, und hatten den Vorteil, dass sie leicht zu transportieren waren. Alle diese frühen Formen des Geldes nennen wir Naturalgeld.

DIE AUFGABEN DES GELDES:

1

Geld ist ein Tauschmittel. Es lässt sich gegen alle Arten von Gütern eintauschen.

2

Geld ist unsere Zähl- und Recheneinheit. Der Wert aller Güter lässt sich in Geld ausdrücken. So kann man unterschiedliche Güter zusammenzählen oder voneinander abziehen.

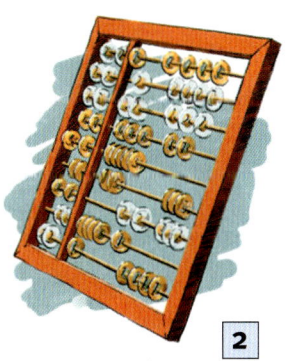

3

Geld ist ein Mittel zur Wertaufbewahrung. Man kann es sparen und erst später bei Bedarf gegen Waren tauschen.

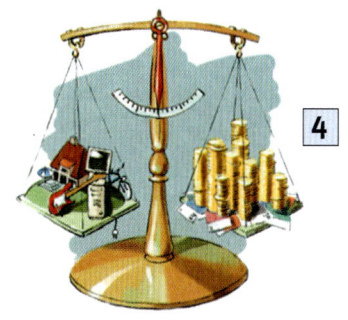

4

Geld ist ein Wertmesser. Jedes Gut, wie zum Beispiel ein Fahrrad, ein Computer oder eine Urlaubsreise, hat einen Preis – einen Gegenwert in Geld. Darüber lässt sich der Wert verschiedener Güter miteinander vergleichen.

Wie entstand das Münzgeld?

Als die Menschen in der Bronzezeit lernten, Metalle zu verarbeiten, kamen Barren aus Gold, Silber oder Kupfer als Geld in Gebrauch. Das waren unregelmäßig geformte Stücke aus Metall. Metallbarren eigneten sich besonders gut als Gegenwert für andere Güter, weil sie nicht verderblich waren und dadurch nicht an Wert verloren.

Wenn ein Händler eine bestimmte Ware verkaufen wollte, zum Beispiel einen Sack Getreide oder einen Ballen Stoff, wurde der Wert der Ware in Metall aufgewogen. Benötigte man geringere Mengen an Geld, hackte man von den Barren kleinere Metallstücke ab. Das war allerdings auf Dauer ziemlich umständlich. Schließlich kamen die Menschen auf die Idee, aus dem Rohmetall gleich große und gleich schwere Plättchen herzustellen und ihnen einen Stempel mit ihrem Wert aufzudrücken: So entstanden die ersten geprägten Münzen. Später war auf den Münzen meist auch der Name des Herrschers zu lesen, in dessen Namen sie herausgegeben wurden. Er stand als Herausgeber oder „Emittent" für den Wert des geprägten Geldes.

Was macht Papiergeld wertvoll?

Mit der Entwicklung von Handel und Geldwirtschaft mussten die Menschen ein bequemeres Zahlungsmittel finden als das schwere Münzgeld. Heute ist Papiergeld das verbreitetste Zahlungsmittel in allen Ländern der Welt. Papiergeld ist leichter, handlicher und besser zu transportieren. Dennoch dauerte es lange, bis es sich als Zahlungsmittel durchsetzen konnte.

Münzgeld war unabhängig vom Herausgeber durch seinen Metallwert kostbar. Selbst Münzen, die schon veraltet und als Zahlungsmittel nicht mehr gebräuchlich waren, konnten noch

WÄHRUNG

Geld ist das gesetzliche Zahlungsmittel eines Landes. Doch es ist deshalb nicht überall gleich. Die meisten Länder haben ihr eigenes Geld – man spricht von der „Währung", mit der innerhalb der Grenzen dieses Landes bezahlt wird. Bei Reisen in andere Länder ist daher oft ein Geldumtausch nötig. Das eigene Geld wird in die jeweilige Landeswährung – in den USA zum Beispiel in US-Dollar, in Japan in Yen – eingewechselt. Nur für die zwölf Staaten der Europäischen Währungsunion gilt das nicht. Sie haben im Jahr 2002 eine gemeinsame Währung eingeführt: den Euro. Vorher hatte jedes Land Europas seine eigene Währung.

Lange Zeit lagerten große Mengen Gold in den Tresoren der Notenbanken, damit gewährleistet war, dass „wertloses" Papiergeld jederzeit in Gold eingetauscht werden konnte.

Bei Gold- und Silbermünzen – hier Beispiele aus griechischer und römischer Zeit – war der Metallwert entscheidend. Dies änderte sich mit der Herausgabe von Banknoten im 17. Jahrhundert. In der Europäischen Union wurde 2002 für zwölf Staaten eine gemeinsame Währung eingeführt.

EC- und Kreditkarten erlauben es, jederzeit Geld vom Bankkonto am Geldautomaten abzuheben. Man kann mit ihnen auch bargeldlos in Geschäften bezahlen.

eingeschmolzen und zu anderen Zwecken verwendet werden – zum Beispiel als Gold- oder Silberschmuck. Oder sie wurden gleich zu neuen Münzen umgeschmolzen und mit neuer Prägung versehen. Papiergeld dagegen ist an sich wertlos. Um ihm Wert zu verleihen, muss ein allgemein anerkannter und vertrauenswürdiger Herausgeber mit seinem guten Namen für den Wert des bedruckten Stücks Papier garantieren.

Als Erste verwendeten die Chinesen Papiergeld, und zwar schon im 7. Jahrhundert nach Christus. Es wurde von staatlichen und privaten Banken und Geschäftsleuten sowie von den Finanzbehörden der chinesischen Provinzen herausgegeben und besaß jeweils nur für deren Einflussbereich Gültigkeit. In Europa begannen erst tausend Jahre später, also im 17. Jahrhundert, Banken in England mit der Herausgabe von „Banknoten". Damit die Menschen Vertrauen in das „wertlose Papier" hatten, garantierten die Banken, dass das Papiergeld jederzeit in Gold- oder Silbermünzen umgetauscht werden konnte. Heute stehen die Staaten und Notenbanken, die das Geld herausgeben, für den Wert des Geldes ein.

Was ist Buchgeld?

Neben Münzen und Scheinen gibt es heute noch eine dritte Form des Geldes: das Buchgeld. Es ist unsichtbar und existiert nur als Guthaben auf Sparbüchern oder Bankkonten. Dank des Buchgeldes werden heute viele Zahlungen per Überweisung getätigt, ohne dass Bargeld fließt.

Beim Überweisen wird Geld vom Konto des Zahlers abgezogen – es wird „belastet" – und dem Konto des Empfängers gutgeschrieben. Werden die Konten bei unterschiedlichen Banken geführt, leiten die Banken die Überweisungen untereinander weiter. Weil das Buchgeld von einem Konto zum anderen sozusagen „im Kreis" wandert, nennt man es auch Giralgeld, vom italienischen Wort „giro" für Kreis. Die Bankkonten, die für den laufenden Zahlungsverkehr verwendet werden, heißen Girokonten. Auf Sparkonten hingegen, also Konten ohne Überweisungsverkehr, wird das Geld meist für längere Zeit aufbewahrt.

Früher konnten verschiedene Banken und Fürsten ihr eigenes Geld drucken lassen. Heute liegt das Recht zur Herausgabe von Banknoten beim Staat beziehungsweise bei seiner Zentral- oder Notenbank. Die Staaten der Europäischen Währungsunion haben diese Aufgabe an die Europäische Zentralbank (EZB) in Frankfurt am Main übertragen.

Wer gibt das Geld heraus?

Die Europäische Zentralbank ist die Hüterin unserer Währung. Sie gibt Banknoten und Münzen aus, regelt das Zinsniveau, also den Preis des Geldes, und steuert die Geldmenge, die insgesamt im Umlauf ist. Dazu zählen auch die Gelder auf den Bankkonten. Ihre wichtigste

Die Europäische Zentralbank in Frankfurt am Main.

Aufgabe ist es, dafür zu sorgen, dass der Wert des Geldes stabil bleibt. Das tut sie, indem sie das Geld knapp hält und immer nur so viel neues Geld herausgibt, wie zusätzliche Waren produziert und angeboten werden.

Damit die Notenbank eines Staates dieser Aufgabe nachkommen kann, ist es wichtig, dass sie von den Weisungen der Staatsregierung unabhängig ist. Wäre dies nicht so, könnte die Regierung zum Beispiel auf die Idee kommen, in Zeiten hoher Staatsausgaben einfach mehr Geld drucken zu lassen. Dies kann zu einer Aufblähung der Geldmenge führen – einer Inflation.

Geld ist eigentlich nur geprägtes Metall oder bedrucktes Papier. Es wird erst dadurch wertvoll, dass es gesetzliches Zahlungsmittel ist und von der Notenbank knapp gehalten wird. Wenn die Notenbank eines Staates sehr viel Geld druckt, damit der Staat zum Beispiel Straßen, Rathäuser und Schulen bauen oder eine große Armee finanzieren kann, dann kurbelt dies zunächst die Wirtschaftstätigkeit an. Die Firmen, die vom Staat Aufträge bekommen, stellen neue Mitarbeiter ein, zahlen gute Löhne, und so entsteht bei den Bürgern das angenehme Gefühl, alles bezahlen zu können.

Problematisch wird die Lage, wenn die Güterproduktion mit dem raschen Wachstum der

Was sind Inflation und Deflation?

KAUFKRAFT

Wie viel das Geld in einem Land wert ist, lässt sich an seiner Kaufkraft erkennen. Die Kaufkraft gibt an, wie viele Waren man für einen bestimmten Geldbetrag bekommt. Kann man für den gleichen Betrag weniger Waren kaufen als im Vorjahr, sind die Preise gestiegen, die Kaufkraft des Geldes ist gesunken, das Geld ist weniger wert. Man nennt dies Inflation. Erhält man für den gleichen Betrag mehr, ist die Kaufkraft gestiegen, die Preise sind gesunken, das Geld ist mehr wert (Deflation).

In wirtschaftlich guten Zeiten, wenn viel produziert wird, verdienen die Menschen gut und können viel Geld ausgeben. Die Währung ist wertvoll. In schlechten Zeiten mit hoher Arbeitslosigkeit sinkt das Vertrauen in eine Währung.

Arbeitslose zur Zeit der Weltwirtschaftskrise im Jahr 1929. Damals kam es in den großen Industrieländern zu einem starken Verfall der Preise, einer Deflation. Weltweit stieg die Arbeitslosigkeit gewaltig an.

Die Kaufkraft ermittelt man anhand eines **WARENKORBS**. Er setzt sich aus den Alltagsgütern eines typischen Haushalts zusammen, deren Preisentwicklung Jahr für Jahr verglichen wird. Auch eine geringe Inflationsrate ergibt über die Jahre hinweg einen deutlichen Preisanstieg: So bezahlte man für einen Warenkorb, der im Jahr 1962 rund 51 Euro kostete, im Jahr 2000 fast 180 Euro, also über das Dreifache.

Während der Inflation im Jahr 1923 wurde das Geld von Tag zu Tag weniger wert. Kinder spielten mit den Geldbündeln.

Geldmenge nicht mehr mithalten kann. Dann werden die zur Verfügung stehenden Waren knapp und die Preise steigen. Dies nennt man Inflation. Im schlimmsten Fall, bei einer so genannten galoppierenden Inflation, können die Preise so rasch ansteigen, dass das Geld täglich weniger wert ist. Eine schleichende Inflation von bis zu zwei Prozent, wie sie bei uns üblich ist, beeinträchtigt den Wert des Geldes hingegen nur wenig.

Das Gegenteil einer Inflation ist die Deflation. Von Deflation spricht man, wenn einer bestimmten Geldmenge ein zu großes Warenangebot gegenübersteht. Dann sinken die Preise, denn die Firmen sind gezwungen, ihre Waren sehr billig zu verkaufen, um sie überhaupt loszuwerden. Man bekommt für sein Geld also sehr viel. Doch gleichzeitig geht die Produktion an Waren zurück, weil sie sich bei so niedrigen Preisen nicht mehr lohnt. Entlassungen und hohe Arbeitslosigkeit sind die Folge.

Um Probleme wie Inflation und Deflation zu vermeiden, ist es wichtig, dass die Notenbank über das Gleichgewicht zwischen Geldmenge und Warenangebot wacht. So bleibt der Wert des Geldes erhalten.

INFLATION IN DEUTSCHLAND

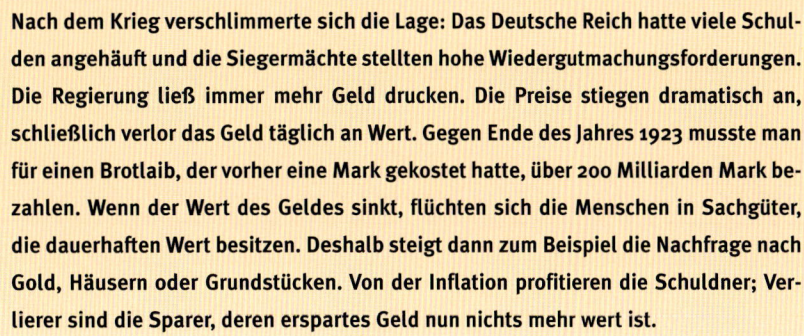

Deutschland erlebte nach dem Ersten Weltkrieg eine große Inflation. Schon während des Krieges (1914-18) wurde immer mehr Geld gedruckt, um die hohen Kriegsausgaben zu finanzieren. Nach dem Krieg verschlimmerte sich die Lage: Das Deutsche Reich hatte viele Schulden angehäuft und die Siegermächte stellten hohe Wiedergutmachungsforderungen. Die Regierung ließ immer mehr Geld drucken. Die Preise stiegen dramatisch an, schließlich verlor das Geld täglich an Wert. Gegen Ende des Jahres 1923 musste man für einen Brotlaib, der vorher eine Mark gekostet hatte, über 200 Milliarden Mark bezahlen. Wenn der Wert des Geldes sinkt, flüchten sich die Menschen in Sachgüter, die dauerhaften Wert besitzen. Deshalb steigt dann zum Beispiel die Nachfrage nach Gold, Häusern oder Grundstücken. Von der Inflation profitieren die Schuldner; Verlierer sind die Sparer, deren erspartes Geld nun nichts mehr wert ist.

Die Marktfrau bietet frisches Obst und Gemüse an.

Auf dem Trödelmarkt werden alte Möbel verkauft.

Eine Blumenauktion.

Der Markt

Märkte sind überall dort, wo sich Anbieter, also Verkäufer, und Käufer oder Kaufinteressenten treffen. Wir alle kennen Wochenmärkte und Flohmärkte, Straßenmärkte und Antiquitätenmärkte, Viehmärkte und Basare. Diese Arten von Märkten gibt es in allen Ländern der Welt.

Was ist ein Markt?

Das Wort Markt hat seinen Ursprung in dem lateinischen Wort „mercari", das bedeutet „Handel treiben". Und genau das geschieht auf dem Markt: Verkäufer bieten ihre Waren an und hoffen, dass sich möglichst viele Käufer finden, die ihre Waren erwerben möchten. Der Handel funktioniert von alters her überall auf der Welt nach den gleichen Regeln: Der Verkäufer stellt die Ware aus und lobt ihre Vorzüge, der Kaufinteressent prüft die Ware kritisch und vergleicht die Preise der verschiedenen Angebote.

Es gibt viele unterschiedliche Arten von Märkten. Waren wie etwa Sportartikel, Lebensmittel oder Autos werden auf Warenmärkten angeboten, ebenso Rohstoffe wie Baumwolle oder Kakao. Doch nicht nur Waren, auch Dienstleistungen werden gehandelt. Auf dem Dienstleistungsmarkt bieten Reisebüros, Handwerker oder Ärzte ihre Dienste an.

Gibt es auch unsichtbare Märkte?

Die meisten von uns denken bei dem Wort Markt an einen Wochenmarkt, wo Blumen- und Gemüsehändler ihre Stände haben und reges Treiben herrscht. Doch ein Markt findet nicht immer an

WIRTSCHAFTSGÜTER

Wirtschaftsgüter nennen wir alle Güter, die der Mensch erst herstellen muss und die daher nur in begrenzter Menge zur Verfügung stehen. Man unterscheidet zwischen Sachgütern und Dienstleistungen. Sachgüter oder Waren sind Dinge, die man sehen und greifen kann, wie zum Beispiel Lebensmittel, Autos oder Kleidung. Dienstleistungen sind Tätigkeiten, die jemand für einen anderen verrichtet. Dazu zählen Dienstleistungen an Personen, wie zum Beispiel eine Arztbehandlung, Nachhilfeunterricht oder die Beratung durch einen Rechtsanwalt, und Dienstleistungen an Sachen, zum Beispiel eine Reparatur.

Buntes Treiben auf einem Markt in Kambodscha.

Ein schwimmender Markt in Thailand.

HANDEL IM INTERNET

Auch das Internet ist in den letzten Jahren zu einem wichtigen Marktplatz geworden. Ob Bücher, CDs, Computer und Zubehör, ob Angebote von Reiseveranstaltern, Versandhäusern, Baumärkten oder Lebensmittelketten – fast alles findet sich inzwischen im Netz. Auf den Internet-Marktplätzen verständigen sich Käufer und Verkäufer nur noch online miteinander. Das Produkt wird auf einer Internetseite präsentiert, der Käufer tätigt seine Bestellung per Computer, und die Lieferung der Ware erfolgt dann per Post oder Kurierdienst. Der Kunde bezahlt entweder gleich durch Angabe seiner Kreditkartennummer, per Vorauskasse oder er erhält mit der Ware eine Rechnung. Den Internet-Handel nennt man auch Electronic Commerce oder E-Commerce (elektronischen Handel).

einem bestimmten Ort statt. Es gibt auch Märkte, die man auf den ersten Blick gar nicht als solche erkennt.

Ein Beispiel dafür ist der Gebrauchtwagenmarkt in der Zeitung. Die Anbieter von gebrauchten Autos stellen eine Anzeige, ein Inserat, in die Zeitung. Diese Anzeige enthält alle nötigen Informationen über das zum Verkauf stehende Auto und eine Kontakt-Telefonnummer, bei der sich die Interessenten melden können. Käufer und Verkäufer finden hier also über die Zeitung und das Telefon zusammen. Ganz ähnlich funktionieren auch der Wohnungsmarkt und der Markt für Häuser und Grundstücke, der Immobilienmarkt.

Ein anderer „unsichtbarer Markt" ist der Arbeitsmarkt. Auch Arbeitsstellen oder Arbeitsgesuche finden sich im Anzeigenteil der Zeitungen. Unternehmen inserieren dort, um neue Mitarbeiter zu finden, Arbeitssuchende können sich auf die angebotenen Stellen bewerben oder selbst ein Inserat unter der Rubrik „Stellengesuche" aufgeben. Der Arbeitsmarkt als Ganzes ist aber noch um ein Vielfaches größer als die Stellenmärkte der Zeitungen: Er umfasst alle Stellenangebote von Firmen und alle Arbeitssuchenden in einer Gemeinde, einem Bundesland oder in einem ganzen Staat.

Messen sind ebenfalls Märkte. Jeder Wirtschaftszweig, auch „Branche" genannt, veranstaltet mindestens einmal im Jahr eine Fachmesse, auf der Hersteller und Käufer aus aller Welt zusammenkommen. Eine Messe ist immer ein Großereignis für die Branche. Die Anbieter stellen ihre neuen Produkte vor, Kunden und Interessenten können sich über das Angebot informieren und Leistungen und Preise vergleichen. Wer einen Messerundgang macht, gewinnt einen umfassenden Eindruck davon, was es gerade auf dem Markt gibt. Man trifft Kunden, Lieferanten, Konkurrenten und Kollegen, tätigt Geschäfte und erfährt Neuigkeiten aus der Branche. Neue Geschäftsbeziehungen

> ### Was passiert auf einer Messe?

Die Bootsmesse in Düsseldorf ist Treffpunkt für viele internationale Aussteller.

Im Sommer ist das Interesse an Wintersportartikeln gering. Kaum jemand besucht diesen Stand, obwohl die Preise günstig sind.

SOMMERANGEBOTE

Die Preise auf dem Markt bilden sich nach Angebot und Nachfrage.

Die Verkäuferin links hat Skateboards im Angebot – allerdings sind sie 10 Euro teurer als am Stand der Konkurrenz. Die Kunden sind mit dem überhöhten Preis nicht zufrieden.

werden angebahnt, Lieferverträge abgeschlossen und Verkäufe getätigt. Für die Anbieter ist der Kundenandrang auf der Messe auch ein gutes Zeichen dafür, ob ihr Angebot beim Käufer „ankommt".

Wie entstehen die Preise?

Wer schon einmal im Urlaub über einen orientalischen Markt, einen Basar, geschlendert ist, hat sicher beobachtet, dass Händler und Kunden dort ausgiebig um den Preis feilschen. Auf dem Basar stehen die Preise nicht fest, sondern werden immer wieder neu ausgehandelt.

Der Verkäufer nennt einen Preis und der Käufer versucht, den Preis zu drücken. Beide treffen sich meist bei einem Betrag, der niedriger liegt als der ursprüngliche Vorschlag. Wie weit der Käufer den Preis herunterhandeln kann, hängt davon ab, wie groß das Angebot ist und wie viele Interessenten es gibt. Bieten viele Verkäufer ähnliche Waren an, wird der Händler für ein teures Angebot kaum einen Käufer finden. Ein Produkt, um das sich die Leute reißen, kann er dagegen auch zu einem hohen Preis noch verkaufen. Dies und nichts anderes besagt die Regel: „Angebot und Nachfrage bestimmen den Preis." Es ist das wichtigste Prinzip der Preisbildung.

Wie regeln Angebot und Nachfrage den Preis?

Wie Angebot und Nachfrage den Preis bestimmen, lässt sich auf dem Musikmarkt gut beobachten. Nehmen wir zum Beispiel einmal an, eine bekannte Band bringt eine neue CD heraus,

DER PREIS

Der Preis ist das, was man für eine Ware oder Dienstleistung auf dem Markt bezahlen muss. Man sagt auch: Der Preis ist der Gegenwert eines Gutes in Geld. Bei uns haben fast alle Dinge einen Preis. Die Miete zum Beispiel ist der Preis dafür, dass jemand eine Wohnung bewohnt, die ihm nicht gehört. Der Preis der Arbeit ist der Lohn beziehungsweise das Gehalt, das man bekommt. Wer sich von der Bank Geld leiht, zahlt dafür an die Bank Zinsen. Sie sind der Preis für das geliehene Geld.

Wer geschickt feilscht, kann auf dem Flohmarkt so manches Schnäppchen machen.

die von den Fans schon sehnsüchtig erwartet wird. Sie wird zu einem Preis von 20 Euro in den Musikgeschäften angeboten. Trotz des hohen Preises findet sie reißenden Absatz, denn die Songs kommen beim Publikum gut an. Rasch erobert die CD die Hitlisten. Die Nachfrage ist so groß, dass es bald zu Engpässen bei der Lieferung kommt. Unter der Hand werden nun sogar Exemplare zum doppelten Preis angeboten, und selbst diese finden unter den Fans noch Käufer. Doch allmählich ebbt das Interesse der Leute ab, neue Songs kommen auf den Markt und erobern die Charts. Der Verkauf geht zurück. Einige Zeit später werden die Restbestände zum halben Preis in den Supermärkten verramscht.

Der Preis der CD hängt sowohl von der Nachfrage ab, das heißt vom Interesse und der Kaufbereitschaft der Kunden, als auch vom Angebot: Zeitweilig bestand Knappheit an Ware, zum Schluss ein Überangebot.

RABATT

Früher war es den Händlern in Deutschland nur unter bestimmten Voraussetzungen erlaubt, Preisnachlässe zu geben, zum Beispiel im Schlussverkauf, bei Räumungsverkäufen oder bei fehlerhafter Ware. Deshalb ist es für uns eher ungewohnt, um den Preis zu handeln. In vielen Ländern ist das anders: Dort gehört das Feilschen um den Preis einfach dazu. Seitdem im Jahr 2001 das Rabattgesetz in Kraft getreten ist, dürfen nun auch bei uns jederzeit Preisnachlässe (Rabatte) gewährt werden. Allerdings wird kaum ein Verkäufer bei einem begehrten Produkt Preiszugeständnisse machen. Nur wenn eine Ware wenig gefragt ist, sind Preisnachlässe realistisch.

Bei Trendartikeln schwankt der Preis oft stark. Im Jahr 2000 lag der Preis für einen Roller noch bei 100 Euro, 2002 waren Exemplare schon für 30 Euro im Supermarkt zu haben.

Was ist Wettbewerb?

Von Wettbewerb sprechen wir, wenn es auf dem Markt verschiedene Anbieter eines Produkts gibt, die sich gegenseitig Konkurrenz machen. Wettbewerb ist für den Markt sehr wichtig. Er sorgt

VERSTEIGERUNGEN

Auf Versteigerungen oder Auktionen werden Dinge verkauft, für die man keinen festen Preis festlegen kann oder will. Oft werden Einzelstücke versteigert, zum Beispiel berühmte Gemälde, doch es gibt auch Auktionen für Blumen, Tabak, Felle oder Holz. Bei Zwangsversteigerungen werden zum Beispiel Häuser und Grundstücke von Personen oder Firmen verkauft, die ihre Schulden nicht mehr bezahlen können. Aufmerksamkeit erregen oft Auktionen, bei denen Dinge aus dem persönlichen Besitz von Stars „unter den Hammer" gebracht werden. Zunächst wird ein Mindestpreis für den zum Verkauf stehenden Gegenstand festgelegt.

Wer ihn erwerben möchte, muss nun einen höheren Preis nennen oder „bieten". Die Interessenten überbieten sich so lange gegenseitig, bis keiner mehr bereit ist, noch höher zu gehen. Wer das höchste Gebot abgegeben hat, erhält den Zuschlag und muss den genannten Preis bezahlen. Zur Besiegelung des Geschäfts klopft der Auktionator mit einem kleinen Hammer auf den Tisch. Inzwischen finden Auktionen auch im Internet statt. Die Teilnehmer verfolgen die Versteigerung vor dem Computer und geben ihr Gebot per Mausklick ein.

dafür, dass Unternehmen ihre Produkte ständig verbessern, um einen Vorteil vor ihren Konkurrenten zu erzielen. Und er gewährleistet, dass die Preise sich nach Angebot und Nachfrage selbst regulieren. Ohne Wettbewerb könnte ein einzelner Hersteller die Preise nach eigenem Belieben festsetzen.

Als zum Beispiel die ersten DVD-Player auf den Markt kamen, war diese Technik noch ganz neu und es gab nur wenige Anbieter. Die Preise waren anfangs sehr hoch. Doch bald brachten auch andere Firmen DVD-Player auf den Markt. Diese waren den ersten Exemplaren durch technische Verbesserungen schon wieder einen Schritt voraus. Um ihre Produkte auch bei wachsendem Angebot noch verkaufen zu können, senkten die Hersteller die Preise.

Wenn es für ein bestimmtes Produkt nur einen Anbieter auf dem Markt gibt, sprechen wir von einem Monopol. Ein Monopolist

| Was ist ein Monopol? |

kann hohe Preise verlangen, denn die Kunden haben ja keine andere Wahl, als bei ihm zu kaufen.

Auch dann, wenn nur wenige Anbieter vorhanden sind, kann es zu Preisabsprachen zwischen Unternehmen kommen, so genannten Kartellen. Dies war vor einigen Jahren bei den großen europäischen Zementfirmen der Fall, die deshalb zu einer Geldstrafe verurteilt wurden. Damit solche Absprachen möglichst nicht vorkommen, ist ein Wettbewerb zwischen vielen Anbietern wichtig.

Werbung

Warum gibt es Werbung?

Werbung begleitet uns überall: Sie erscheint als Anzeige in Zeitungen und Illustrierten, als Werbespot in Radio und Fernsehen, liegt als Postwurfsendung im Briefkasten oder ist auf Plakaten an Straßen, Bahnhöfen und Litfass-Säulen sichtbar. Werbung soll ein Produkt bekannt machen, über seine Vorzüge informieren und – das ist ihre wichtigste Aufgabe – zum Kauf anregen. Das tut sie, indem sie Bedürfnisse weckt: Wer hat es nicht schon erlebt, dass er beim Anblick eines Schokoriegels auf einem Werbeplakat plötzlich riesigen Appetit auf Schokolade bekommen hat?

Werbung ist für die Unternehmen ein Mittel, um den „Absatz", also den Verkauf ihrer Produkte zu fördern. Vor allem junge Unternehmen müssen sehr viel Werbung betreiben, um ihr Angebot auf dem Markt bekannt zu machen. Denn eine gute Idee und ein hochwertiges Produkt allein genügen meist nicht. Wenn es einer Firma nicht gelingt, einen möglichst großen Kundenkreis zu erreichen, kann sie sich langfristig auf dem Markt nicht behaupten.

Ganz schön teuer!

Im Jahr 2001 gaben deutsche Firmen 17 Milliarden Euro für Werbezwecke aus, die Online-Werbung nicht eingerechnet. Besonders teuer ist Werbung im Fernsehen und in Zeitungen oder Zeitschriften mit hoher Auflage, weil man damit sehr viele Leute erreichen kann. Ein 30-Sekunden-Werbespot im Fernsehen kann je nach Sender und Sendezeit zwischen 150 und 75 000 Euro kosten. Für eine ganzseitige farbige Anzeige in einem großen Magazin wie „Spiegel" oder „Stern" muss der Kunde rund 50 000 Euro berappen. Da die Werbekosten auf die Preise umgeschlagen werden, sind die so beworbenen Artikel meist teurer als Konkurrenzprodukte, für die weniger Werbung gemacht wird.

Spitzenreiter der Werbung

Die höchsten Ausgaben für Werbung haben in Deutschland die Automobilbranche, die Medien – dazu gehören Zeitungen, Radio und Fernsehen –, die Telekommunikationsbranche mit Telefongesellschaften, Mobilfunkbetreibern und Handy-Herstellern, Handelsorganisationen wie Supermärkte, Kaufhäuser und Einkaufsläden, die Schokoladen- und Süßwarenindustrie sowie die Medikamentenhersteller, die so genannte Pharmaindustrie.

Ist in der Werbung alles erlaubt?

Um zu verhindern, dass mit Werbung Missbrauch getrieben wird, gibt es Gesetze, die Form und Inhalt der Werbung regeln.

So ist zum Beispiel Werbung, die ein Konkurrenzprodukt schlecht macht, bei uns verboten. Auch dürfen die in der Werbung verwendeten Bilder nicht diskriminierend sein, also niemanden herabsetzen, oder gegen die guten Sitten verstoßen. Zwar ist Werbung mit leicht bekleideten Models als Blickfang schon lange üblich. Doch der Deutsche Werberat, ein freiwilliger Zusammenschluss der werbetreibenden Unternehmen, und der Staat wachen darüber, dass gewisse Grenzen nicht überschritten werden. Wer sich durch eine bestimmte Werbung belästigt fühlt, kann beim Werberat Beschwerde einlegen. Verstößt ein Unternehmen gegen die Gesetze, gegen die Vorschriften des Werberats oder einfach gegen die Regeln des guten Geschmacks, muss es im schlimmsten Fall die Werbekampagne zurückziehen und eine Strafe bezahlen.

Manche Regelungen dienen dem Schutz der Verbraucher, indem sie auf schädliche Nebenwirkungen eines Produkts hinweisen. So ist zum Beispiel der Hinweis „Die EU-Gesundheitsminister: Rauchen schadet Ihrer Gesundheit" gesetzlich vorgeschrieben, ebenso wie bei Medikamenten der Zusatz „Zu Risiken und Nebenwirkungen fragen Sie bitte Ihren Arzt oder Apotheker". Auch darf in der Zigarettenwerbung nicht mit Kindern oder Jugendlichen geworben werden, um diese nicht in frühem Alter zum Rauchen zu animieren.

MARKENPRODUKTE

„Hat jemand ein Tempo für mich?", fragen wir, wenn uns die Nase läuft – und geben damit ein Beispiel für erfolgreiche Markenwerbung. Die Marke Tempo ist so bekannt, dass sie mit dem Produkt „Papiertaschentuch" gleichgesetzt wird. Markenprodukte sind jedem ein Begriff. Wer von uns wüsste nicht, welche Produkte sich hinter Namen wie Levis, Esprit, Milka, Aspirin, Tesa oder Coca-Cola verbergen? Sie haben ein unverwechselbares Äußeres und heben sich dadurch von so genannten No-Name-Produkten ab – namenlosen Produkten unbekannter Hersteller ohne besondere Aufmachung. Von Markenprodukten erwartet der Kunde Qualität, und diese Qualität soll auch äußerlich sichtbar sein. Meist ist der Preis für Markenartikel höher, denn für sie wird mehr Werbung gemacht und das aufwändige Design, die äußere Ausstattung, ist teuer. Doch manchmal bieten No-Name-Produkte eine ebenso gute, manchmal sogar bessere Qualität. Warum also ist der Kunde bereit, nur für die Marke mehr zu bezahlen? Der Grund dafür ist die Werbung. Sie schafft ein bestimmtes Markenimage. Das Wort Image kommt aus dem Englischen und bedeutet „Bild". Gemeint ist das Bild oder die Vorstellung, die man in der Öffentlichkeit mit einem bestimmten Produkt verbindet. Werbespezialisten überlegen genau, welches Image eine Marke verkörpern soll, um eine bestimmte Käufergruppe anzusprechen.

Tesa und Aspirin: Markenprodukte mit Tradition

Die Arbeitsteilung

Was versteht man unter Arbeitsteilung?

Unser modernes Wirtschaftsleben, in dem täglich unzählige Güter hergestellt werden, wäre ohne Arbeitsteilung nicht möglich. Arbeitsteilung bedeutet, dass die Arbeit auf eine Vielzahl von Menschen und Betriebe verteilt ist, die alle unterschiedliche Aufgaben erfüllen. Wenn das nicht so wäre, müsste jeder von uns das, was er zum Leben braucht, selbst herstellen.

Wie haben sich die verschiedenen Berufe entwickelt?

Schon die Menschen der Steinzeit teilten sich die Arbeit untereinander auf. Das ergab sich ganz natürlich: Wer kräftig und ausdauernd war, ging auf die Jagd, die anderen sammelten Früchte und Beeren oder kümmerten sich um die Kinder. Als die Menschen sesshaft wurden und die ersten größeren Siedlungen entstanden, entwickelten sich kompliziertere Gesellschaftsformen. Manche Menschen waren besonders gute Bauern, andere waren geschickte Handwerker und wieder andere erfolgreiche Viehzüchter. Allmählich begannen die Leute, sich auf das zu spezialisieren, was sie besonders gut konnten. So entstanden die ersten Handwerke und Berufe. Es gab Bauern und Fischer, Bäcker und Müller, Schmiede und Gerber, Korbflechter und Töpfer, Schneider und Schuhmacher und viele andere. Jeder stellte etwas mehr her, als er zum Leben brauchte, und diese überschüssigen Waren tauschte und verkaufte man untereinander.

Als sich die Gesellschaft im Laufe der Jahrhunderte weiter entwickelte und vielfältiger wurde, entstanden immer neue Berufszweige. Aus dem Schmied etwa wurden der Nagelschmied, der Hufschmied, der Silber- und der Goldschmied, aus dem Arzt zum Beispiel der Zahnarzt, der Tierarzt und der Chirurg. Allmählich entstand so die heutige Vielfalt an spezialisierten Berufen.

ADAM SMITH

Der schottische Moralphilosoph Adam Smith (1723-1790) gilt als Begründer der modernen Volkswirtschaftslehre. In seinem berühmten Beispiel von der Stecknadelfabrik führt er vor, wie man durch Arbeitsteilung den Ertrag der Arbeit steigern kann. Ein Arbeiter, so Smith, könne am Tag höchstens 20 Stecknadeln produzieren, wenn er alle Arbeitsgänge selbst bewältigen muss. Teilt man jedoch die Arbeit auf, dann lässt sich die Produktion um ein Vielfaches steigern: „Der eine Arbeiter zieht den Draht, der andere streckt ihn, ein dritter schneidet ihn, ein vierter spitzt ihn zu, ein fünfter schleift das obere Ende, damit der Kopf aufgesetzt werden kann." Pro Tag kommen so auf jeden Arbeiter etwa 4800 Stecknadeln.

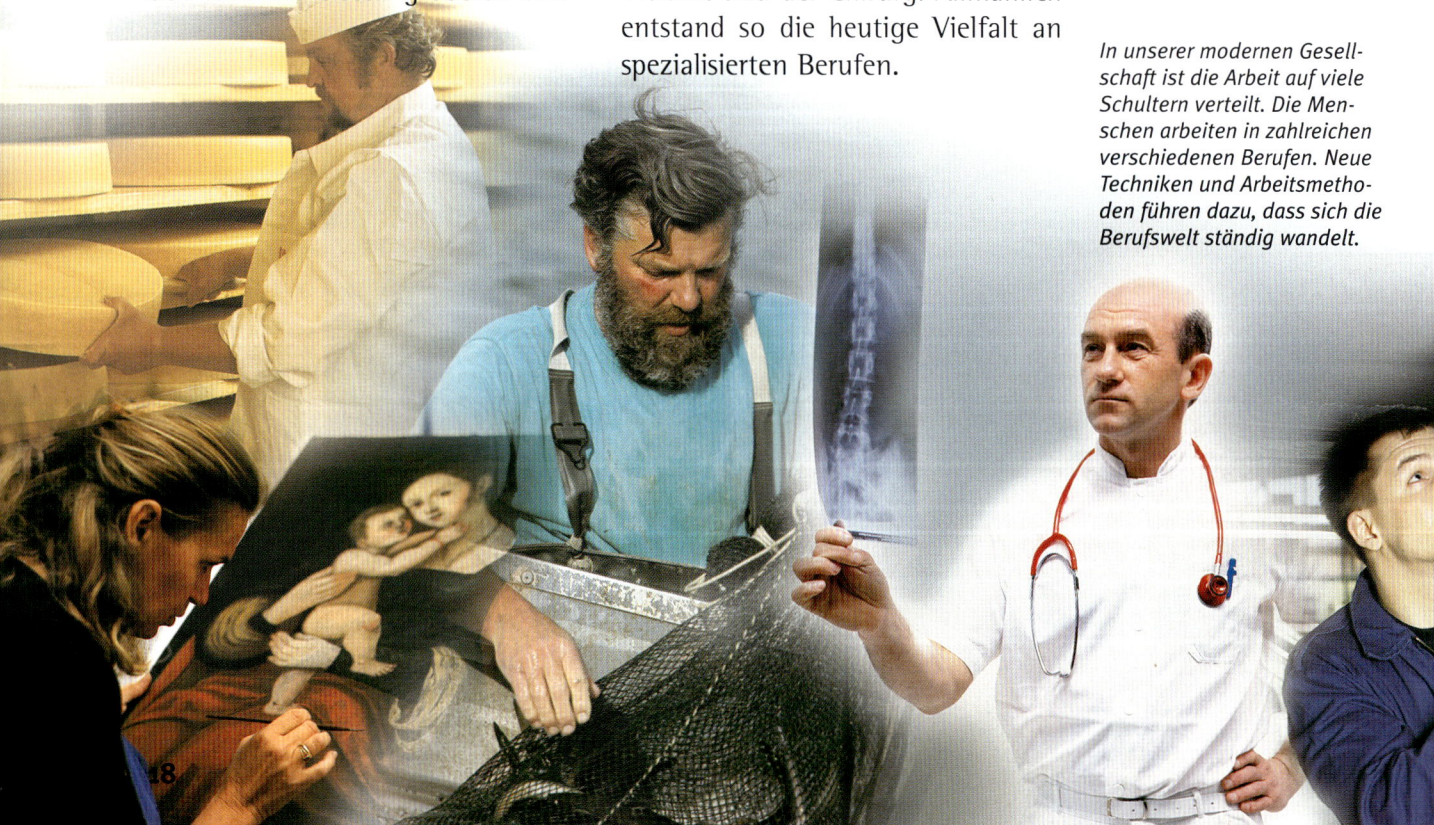

In unserer modernen Gesellschaft ist die Arbeit auf viele Schultern verteilt. Die Menschen arbeiten in zahlreichen verschiedenen Berufen. Neue Techniken und Arbeitsmethoden führen dazu, dass sich die Berufswelt ständig wandelt.

NEGATIVE FOLGEN

Die Zerlegung der Arbeit in Einzelschritte hat für die Menschen nicht nur Vorteile. Oft ist die Arbeit dadurch eintönig und wird als sinnlos empfunden. Die einseitige Ausbildung hat zur Folge, dass man bei Verlust des Arbeitsplatzes nur schwer einen neuen Job findet. Auch körperliche Schäden entstehen durch einseitige Belastung. Um diesen Nachteilen entgegenzuwirken, bemüht man sich heute um neue Formen der Arbeitsorganisation. Dazu gehört zum Beispiel der Wechsel von Tätigkeiten, auch „job rotation" genannt. So müssen die Mitarbeiter bei der Fließbandfertigung mehrere Arbeitsschritte übernehmen können. Oder es werden selbstständige Arbeitsgruppen gebildet, von denen jede für einen bestimmten Teil des Fertigungsprozesses zuständig ist. Damit will man den Menschen die Verantwortung für eine sinnvolle Organisation ihrer Arbeit zurückgeben.

Oben: Blick in die Produktionshalle einer Fahrradfabrik. Darunter: Mitarbeiter bei Schweißarbeiten am Rahmen, beim Nachbessern der Felgenlöcher und bei der Endkontrolle der fertigen Räder.

Was ist die betriebliche Arbeitsteilung?

Arbeitsteilung gibt es nicht nur auf gesellschaftlicher Ebene, sondern auch in den Betrieben. Jede Abteilung und jeder Mitarbeiter erfüllen eine andere Aufgabe. Der Produktionsprozess selbst ist in viele einzelne Schritte zerlegt. Am deutlichsten wird dies bei der Fließbandarbeit: Das Fließband bewegt das Werkstück von einem Arbeiter zum nächsten, wobei jeder Arbeiter nur noch wenige Handgriffe ausführt. Dadurch lassen sich die „Effizienz", also die Schnelligkeit und Genauigkeit der Arbeit, sowie die Menge der Produktion enorm steigern. Die auf eine bestimmte Tätigkeit spezialisierten Arbeiter sind geübt und schnell. Sie sparen Zeit, weil sie nicht von einem Arbeitsgang zum nächsten wechseln müssen. Für die einzelnen Arbeitsschritte lassen sich wieder neue Maschinen entwickeln, die den Produktionsprozess noch weiter beschleunigen.

Ohne den Einsatz von Automaten und modernen Fertigungsmethoden wäre die heutige Massenproduktion von Waren kaum denkbar – und auch viel zu kostspielig. Dieser Entwicklung fallen jedoch immer mehr einfache Arbeitsplätze zum Opfer. Neue Arbeitsplätze entstehen vor allem in Branchen, die Computer und Maschinen entwickeln und herstellen.

Dienstleistungen

Industrie

Rohstoffe

Handel und Dienstleistungen stellen mit 65 % der Erwerbstätigen den größten Sektor, gefolgt von Industrie und Handwerk (32 %) und der Urproduktion (3 %).

Jeder der drei Wirtschaftssektoren ist in weitere Wirtschaftszweige gegliedert. Hier einige Beispiele:

Handel und Dienstleistungen:

Banken   Versicherungen

Freiberufler   Einzelhandel

Industrie:

Chemische   Eisen- und Stahl-
Industrie   verarbeitung

Autoindustrie   Handwerk

Urproduktion:

Rohstoff-   Landwirt-
gewinnung   schaft
(Erdöl, Koh-
le, Erze)

Forstwirtschaft

Wie heißen die drei großen Wirtschaftsbereiche?

Jedes Produkt, das wir im Handel kaufen können, hat bereits einen langen Weg hinter sich. Viele Menschen und viele verschiedene Unternehmen haben an seiner Entstehung mitgearbeitet. Sie alle lassen sich drei großen Wirtschaftsbereichen oder „Sektoren" zuordnen.

Der erste oder „primäre" Sektor ist die Urproduktion. Dort werden die Rohstoffe gewonnen. Zur Urproduktion zählen Landwirtschaft, Forstwirtschaft, Fischerei und Bergbau.

Die gewonnenen Rohstoffe werden im zweiten oder „sekundären" Sektor durch Industrie und Handwerk weiterverarbeitet. Zum sekundären Sektor gehören so unterschiedliche Branchen wie die Chemieindustrie, die Eisen- und Stahlerzeugung, die Autoindustrie oder die Hersteller von Mobiltelefonen sowie

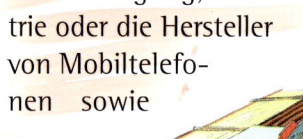

2

Anschließend wird das Holz in der Sägemühle bearbeitet und zu Bohlen und Brettern geschnitten (sekundärer Sektor).

Bei vielen Produktionen wirken alle drei Wirtschaftssektoren zusammen – wie auch hier, bei der Herstellung eines Klaviers.

1

Zunächst wird der Rohstoff, das Holz, gewonnen (Urproduktion).

Das Holz wird zur Fertigung in die Klavierfabrik transportiert (sekundärer Sektor).

3

4

Im Musikfachgeschäft (tertiärer Sektor) wird das Instrument schließlich verkauft.

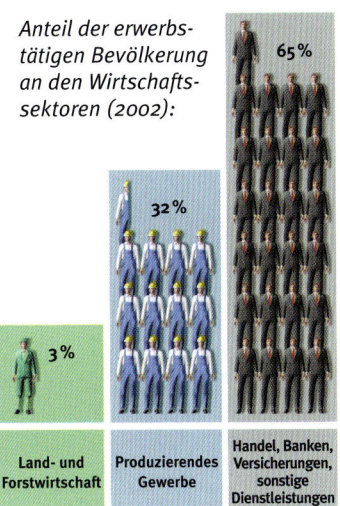

*Anteil der erwerbs-
tätigen Bevölkerung
an den Wirtschafts-
sektoren (2002):*

65 %

32 %

3 %

**Land- und
Forstwirtschaft**

**Produzierendes
Gewerbe**

**Handel, Banken,
Versicherungen,
sonstige
Dienstleistungen**

BRUTTOSOZIALPRODUKT

**Den Wert aller in einem Land
erzeugten Güter und Dienstleistungen bezeichnet man
als Wirtschaftsleistung oder
Bruttosozialprodukt eines Landes (abgekürzt BSP). Dienstleistungen machen in Deutschland
mit über 60 % einen Großteil der
Wirtschaftsleistung aus.**

Tausende von Handwerksbetrieben. Sie alle stellen aus Rohstoffen fertige Produkte her. Diesen Sektor nennt man auch Sektor der industriellen Produktion.

Die fertigen Waren werden schließlich zu ihren Abnehmern transportiert und verkauft. Das geschieht im dritten oder „tertiären" Sektor. Dazu zählen Handel und Dienstleistungen. Beim Handel unterscheidet man Groß- und Einzelhandel. Zu den Dienstleistungen zählen Banken und Versicherungen, Transportunternehmen, Telefongesellschaften, Hotels und Gaststätten, Teile des Handwerks wie zum Beispiel Friseure und die freien Berufe. Das sind Berufe mit wissenschaftlicher oder künstlerischer Ausrichtung wie Architekten, Ärzte, Berater, Rechtsanwälte, Übersetzer, Schriftsteller, Maler und Musiker.

Im tertiären Sektor arbeiten bei uns die meisten Menschen. Wir sprechen deshalb heute auch von einer Dienstleistungsgesellschaft.

Alle Teilnehmer am Wirtschaftsle-

Welches sind die wichtigsten Akteure in der Wirtschaft?

ben sind durch ein enges Geflecht an Beziehungen miteinander verbunden. Sie tauschen Güter wie Waren oder Dienstleistungen aus, die mit Geld bezahlt werden.

Die wichtigsten Wirtschaftsteilnehmer sind die privaten Haushalte und die Unternehmen, der Staat, die Banken und die Handelspartner im Ausland. Um die vielfältigen Güter- und Geldströme zwischen ihnen anschaulich zu machen, wurde das Modell des Wirtschaftskreislaufs entwickelt. Im Wirtschaftskreislauf gehen keine Werte verloren: Was ein Bereich abgibt, fließt einem anderen Bereich zu.

WIRTSCHAFTSKREISLÄUFE

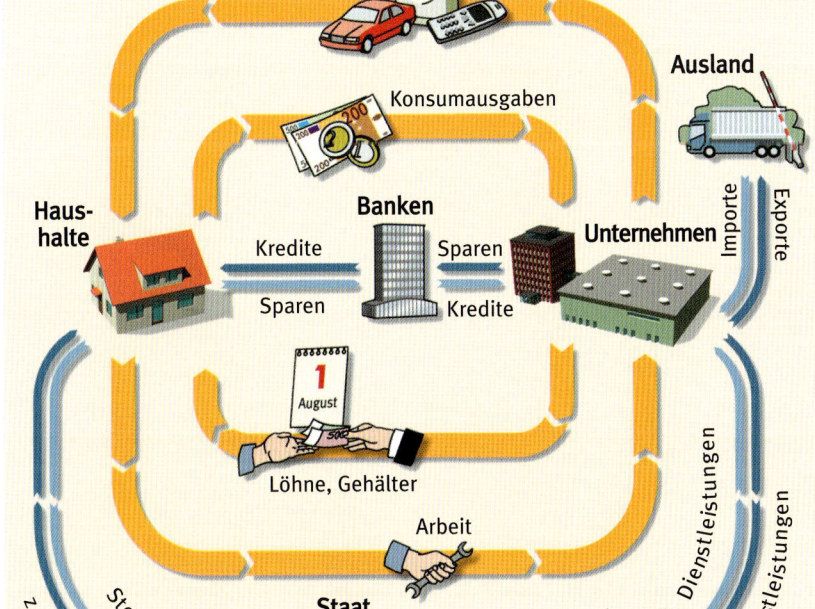

Der einfache Wirtschaftskreislauf (gelb) stellt nur die Beziehungen zwischen Unternehmen und Haushalten dar. Die Unternehmen produzieren Güter, die in den Haushalten verbraucht werden. Diese stellen die Arbeitskräfte für die Unternehmen. Für die geleistete Arbeit zahlen die Betriebe den Mitarbeitern Lohn oder Gehalt. Dieses Geld wird von den Haushalten zum Kauf von Gütern verwendet und fließt so an die Unternehmen zurück. Der erweiterte Kreislauf (blau) bezieht Banken, Staat und Ausland mit ein. Unternehmen und Haushalte legen meist einen Teil ihres Einkommens bei der Bank an. Die Bank gibt das Geld als Kredit an andere Haushalte und Unternehmen weiter. Diese müssen für den aufgenommenen Kredit an die Bank Zinsen zahlen, die Bank wiederum zahlt Zinsen an die Sparer. Der Staat erhält von Unternehmen und Haushalten Steuern. Davon unterstützt er die Haushalte mit Leistungen wie Kinder- oder Wohngeld, gibt Aufträge an die Unternehmen und leistet Zuschüsse (Subventionen). Alle Akteure handeln nicht nur miteinander, sondern auch mit dem Ausland. Die Geldströme sind den Güterströmen stets entgegengerichtet.

Fließbandfertigung der Tin Lizzie im Ford-Werk in Detroit, 1913.

Erster Einsatz einer Dampfmaschine

Die Industrialisierung

Erste Formen der industriellen Produktion

Im 16. Jahrhundert entstehen in Teilen des Handwerks und in den Manufakturen (frühen Industriebetrieben) erste Formen industrieller Produktion. In manchen Betrieben gibt es bereits Arbeitsteilung, teilweise kommen erste Maschinen zum Einsatz.

Erfindung von Dampfmaschine und Webstuhl

1765 baut der Engländer James Watt die erste leistungsfähige Dampfmaschine. Damit ist eine Antriebskraft für starke Maschinen entdeckt. 1787 erfindet sein Landsmann Edmund Cartwright den mechanischen Webstuhl, der die Textilproduktion revolutioniert. Beides beschleunigt die Industrialisierung enorm.

Die industrielle Revolution

Zwischen 1800 und 1883 werden Eisenbahn, Schiffsschraube, elektrischer Telegraf, Fernsprecher, Dynamomaschine und Benzinmotor entwickelt. Man spricht von der „industriellen Revolution". Besonders in der Eisen- und Metallverarbeitung, der Schwerindustrie, entstehen viele neue Fabriken. Die bäuerlich geprägte Gesellschaft wandelt sich zur Industriegesellschaft.

Die soziale Frage

In den Fabriken herrschen zum Teil menschenunwürdige Arbeitsbedingungen. Die Arbeiter – Männer, Frauen, oft auch Kinder – arbeiten über 15 Stunden am Tag. Es gibt keine Arbeitsschutzbestimmungen und keine soziale Sicherung für Kranke und Alte. Zu Beginn des 19. Jahrhunderts bilden sich in England und

Kinder arbeiten in einer Ziegelei, um 1910.

um 1860 in Deutschland die ersten Gewerkschaften – freiwillige Zusammenschlüsse der Arbeiter zur Verbesserung ihrer sozialen Lage. Ende des 19. Jahrhunderts werden in Deutschland zahlreiche Gesetze zum Schutz der Arbeiter erlassen.

Henry Ford führt das Fließband ein

Im Jahr 1908 lässt der amerikanische Industrielle Henry Ford zum ersten Mal Autos am Fließband herstellen. Fords Modell T, genannt „Tin Lizzie", ist das erste Automobil, das in Massenfertigung vom Band rollt. Mit Hilfe des Fließbands verringert sich die Zeit, die für den Zusammenbau eines Wagens benötigt wird, von 12,5 auf 1,5 Stunden. In den Jahren zwischen 1908 und 1927 werden über 15 Millionen Exemplare der Tin Lizzie (zu Deutsch „Blech-Liesel") verkauft.

Rationalisierung und Automation

1941 baut Konrad Zuse (rechts im Bild) in Berlin den ersten programmgesteuerten Computer und leitet damit eine technologische Revolution ein. Die Erfindung des Computers und des Mikrochips, auf dem sich viele tausend Informationen speichern lassen, sowie Neuerungen wie zum Beispiel das Telefon verändern die Arbeitswelt stark. In den Betrieben werden immer mehr Arbeiten von Maschinen und computergesteuerten Automaten übernommen – ein Prozess, der als Rationalisierung bezeichnet wird und viele Arbeitsplätze kostet. In manchen Betrieben läuft die gesamte Fertigung inzwischen vollautomatisch ab, während der Mensch den Prozess vom Steuerpult aus überwacht.

Moderne Autoproduktion mit Robotern.

Die privaten Haushalte

Die meisten Familien sind heute Kleinfamilien. Wohnen und Arbeiten sind in der Regel getrennte Bereiche – die Menschen gehen zur Arbeit in ein Büro oder einen Betrieb. Die Dinge, die sie brauchen, kaufen sie in verschiedenen Geschäften ein.

> **Welche Rolle spielt meine Familie im Wirtschaftsleben?**

Früher sah der Alltag einer Familie ganz anders aus als heute. Viele Familien waren Großfamilien; Eltern, Kinder, Großeltern und Verwandte wohnten unter einem Dach. Die meisten Leute lebten von der Landwirtschaft und versorgten sich selbst mit dem, was sie brauchten. Von dem wenigen Geld, das sie besaßen, kauften sie nur das ein, was sie nicht selbst herstellen konnten.

Bei uns gibt es heute kaum noch Großfamilien. Die Kleinfamilie, bestehend aus den Eltern und ein oder zwei Kindern, ist die Regel. Anstatt selbst Gemüse anzubauen oder Brot zu backen, gehen die Menschen zur Arbeit ins Büro oder in einen Betrieb und erhalten dafür einen Verdienst. Davon kaufen sie im Supermarkt, in der Bäckerei, beim Metzger und in vielen anderen Läden all das ein, was sie zum Leben brauchen.

Die „privaten Haushalte", zu denen neben den Familien auch die Einpersonenhaushalte, die Singles, gehören, erfüllen in der Wirtschaft zwei wichtige Aufgaben: als Konsumenten (Verbraucher) und als Erwerbstätige. Als Konsumenten verbrauchen sie die Waren und nehmen die Dienstleistungen in Anspruch, die auf dem Markt angeboten werden. Gleichzeitig sind sie aber auch mit ihrer Arbeit in den Unternehmen an der Produktion der Güter beteiligt.

Eine Gastwirtsfamilie um 1900. Jedes Mitglied der Großfamilie half im Gasthof und in der dazugehörenden Landwirtschaft mit.

Selbstständige Beamte
Arbeiter
Angestellte
Sonstige
Beziehter von Arbeits- losengeld/hilfe
Rentner, Pensionäre
Selbstständiger
Beamter
Schulpflichti- ges Kind
Angehörige oh- ne Einkommen
lebt von seinem Vermögen

33 % 51 %
10 %
6 %
40,9 % ERWERBSTÄTIG
3,5 %
3,5 %
22,5 %
29,6 %

Arbeiter   Angestellter   BAFöG-Empfängerin   Rentnerin   Arbeitsloser   Sozialhilfeempfängerin

In Deutschland leben etwa 82 Millionen Menschen. Von ihnen waren im Jahr 2001 etwa 33,6 Millionen erwerbstätig – als Arbeiter oder Angestellte, Beamte oder Selbstständige. Mit ihrem Verdienst ernähren sie auch Familienmitglieder ohne eigenes Einkommen. Andere Menschen leben von staatlicher Unterstützung. So sind zum Beispiel viele allein erziehende Mütter auf Sozialhilfe angewiesen.

Woher bekommt eine Familie ihr Geld?

Die meisten Menschen bei uns sind erwerbstätig, das heißt sie gehen arbeiten und erhalten dafür Lohn oder Gehalt. Mit ihrem Einkommen sorgen sie auch für diejenigen Familienmitglieder, die keine eigenen Einkünfte haben. Dazu zählen Kinder, die noch in die Schule gehen, oder Mütter und Väter, die nicht berufstätig sind.

Der Staat unterstützt die Familien, indem er Kindergeld zahlt und bei Leuten mit geringem Einkommen einen Beitrag zur Miete, das Wohngeld, übernimmt. Junge Menschen, deren Eltern keine Unterstützung zum Studium zahlen können, erhalten eine staatliche Ausbildungsförderung (BAFöG). Ältere Menschen, die bereits im Ruhestand sind, erhalten eine monatliche Rente oder Pension.

Für Menschen, die in Not geraten sind, sorgt unsere Sozialversicherung. Arbeitslose zum Beispiel erhalten Arbeitslosengeld aus der Arbeitslosenversicherung, pflegebedürftige Menschen Pflegegelder aus der Pfle-geversicherung. Wer kein Einkommen, keine Arbeitslosenunterstützung und keine Rente bekommt, erhält vom Staat Sozialhilfe. Ein kleiner Teil der Bevölkerung lebt von seinem Vermögen. Dazu zählen zum Beispiel die Zinsen, die ein Bankguthaben abwirft oder die Einnahmen aus der Vermietung von Häusern und Wohnungen.

Warum darf man nicht den ganzen Lohn behalten?

Das durchschnittliche Bruttoeinkommen einer vierköpfigen Familie beträgt in Deutschland etwa 3 200 Euro im Monat. Das Wort „brutto" kommt aus dem Italienischen und bedeutet „gesamt". Der Bruttolohn ist also der „Gesamtverdienst", das heißt der Verdienst ohne Abzüge. Vom Bruttolohn fließt noch ein gehöriger Teil an den Staat, der von diesen Geldern viele seiner Ausgaben bestreitet.

Abgezogen werden die Lohnsteuer, die Kirchensteuer und die Sozialversicherung, das heißt Kranken-, Renten-, Arbeits-

Diese Grafik zeigt die monatliche Haushaltsrechnung einer vierköpfigen Familie.

ERWERBSEINKOMMEN

Das Erwerbs- oder Arbeitseinkommen ist der Verdienst, den man wöchentlich oder monatlich nach Hause trägt, weil man einer Arbeit nachgeht. Je nach Beruf gibt es unterschiedliche Arten von Einkommen: Arbeiter erhalten einen Lohn, Beamte und Angestellte ein Gehalt, freiberuflich Tätige wie Ärzte, Rechtsanwälte und Architekten ein Honorar, Künstler eine Gage. Makler, die Häuser und Grundstücke vermitteln, bekommen für jede Vermittlung eine Provision, ebenso wie Versicherungsvertreter. Der Lohn der Unternehmer ist der Gewinn.

DER „ZWEITE LOHN"

Nicht nur die Arbeitnehmer leisten Beiträge zur Sozialversicherung, sondern auch die Arbeitgeber. Jedes Unternehmen zahlt pro Mitarbeiter noch einmal in gleicher Höhe Sozialversicherungsbeiträge wie der Arbeitnehmer selbst. Wenn Unternehmen die Personalkosten, das heißt die Kosten pro Mitarbeiter, berechnen, müssen sie außerdem auch Leistungen wie Weihnachts- oder Urlaubsgeld berücksichtigen. Hinzu kommen Zeiten, in denen der Arbeitnehmer keine Leistung erbringt, aber dennoch Lohn erhält: im Urlaub, bei Krankheit oder an Feiertagen. Insgesamt ergibt sich so ein wesentlich höherer Lohnaufwand als der Bruttolohn: So müssen Unternehmen pro 100 Euro Arbeitslohn nochmals zwischen rund 70 und 100 Euro an „zweitem Lohn" bezahlen.

losen- und Pflegeversicherung. Dieses Geld fließt also gar nicht erst auf das Gehaltskonto, sondern gleich an das Finanzamt oder in die Kassen der Sozialversicherung. Was nach diesen Abzügen vom Lohn noch übrig ist, nennen wir Nettolohn. „Netto" stammt ebenfalls aus dem Italienischen und bedeutet „rein".

Eine Familie mit zwei Kindern muss in Deutschland durchschnittlich 22% des Bruttoverdienstes an den Staat abführen. Bei einem Bruttoverdienst von 3 200 Euro monatlich bleiben ihr nur etwa 2 500 Euro übrig. Ledige Arbeitnehmer ohne Kinder haben meistens noch höhere Abzüge. Verglichen mit anderen Ländern sind die Abgaben in Deutschland hoch: In Österreich zum Beispiel sind durchschnittlich nur 11% vom Verdienst abzuführen, in der Schweiz nur 8%.

Zu einem sorgsamen Umgang mit Geld gehört das Vergleichen der Preise beim Einkaufen.

Wir können unser Geld ausgeben, wofür wir wollen. Wir müssen nur darauf achten, dass die Einnahmen stets höher sind als die Ausgaben. Deshalb überlegen die meisten Familien bei kostspieligen Anschaffungen wie zum Beispiel großen Möbeln, einer teuren Urlaubsreise oder einem Haus- oder Autokauf lange, ob sie sich diese Ausgaben auch wirklich leisten können. Schließlich muss ja noch genügend Geld für die notwendigen Alltagsdinge wie zum Beispiel Lebensmittel oder Kleidung übrig bleiben. Und auch das Sparen ist wichtig: Es schafft Reserven für unvorhergesehene Fälle wie Krankheit oder Verdienstausfall und für größere Ausgaben wie einen Haus- oder Autokauf in der Zukunft.

Worauf muss man beim Geldausgeben achten?

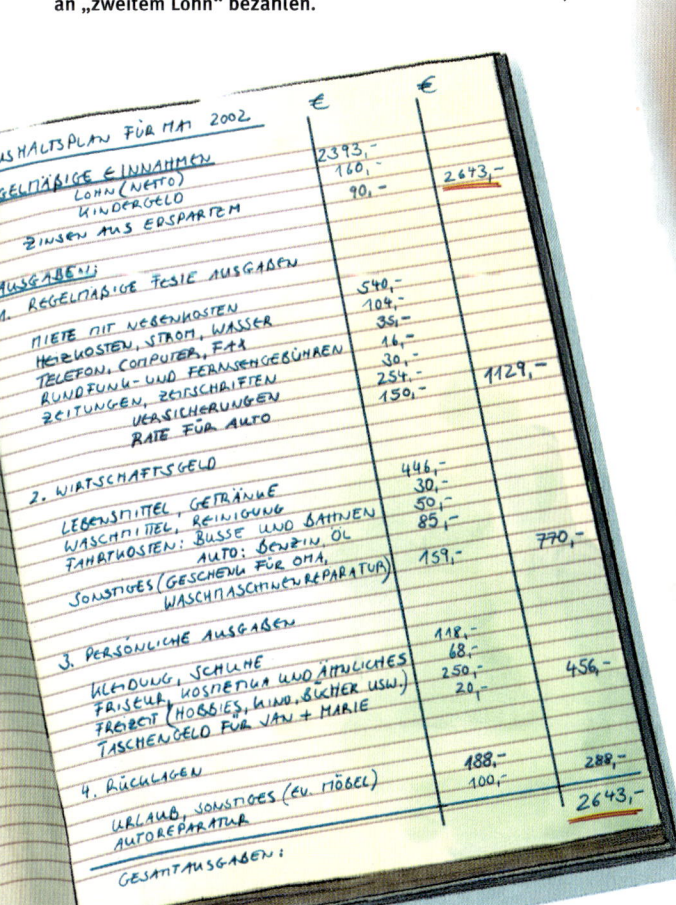

Ein eigenes Pferd ist ein Luxusgut, von dem viele Mädchen träumen.

Warum müssen wir mit unserem Geld wirtschaften?

Die meisten von uns haben viele Wünsche oder Bedürfnisse, die sie sich mit ihrem Geld erfüllen möchten. Welche das sind, ist ganz unterschiedlich. Du hättest vielleicht gern ein neues Computerspiel, der Nachbar braucht ein neues Auto und eine Freundin träumt von einer Urlaubsreise in die Südsee.

Kinder und Jugendliche haben andere Wünsche als Erwachsene, und ein Mensch am Polarkreis hat andere Bedürfnisse als ein Wüstenbewohner. Doch manche Dinge wie Essen, Trinken, Kleidung und Wohnung sind für uns alle lebensnotwendig. Das sind unsere Grund- oder Existenzbedürfnisse. Andere Wünsche, etwa der Wunsch nach einer CD oder einem Kinobesuch, sind von der Gesellschaft abhängig, in der wir leben. Man nennt sie auch Kulturbedürfnisse.

Luxusbedürfnisse schließlich sind Wünsche nach teuren oder ausgefallenen Dingen wie zum Beispiel kostspieligen Hobbies, Designerkleidung oder wertvollem Schmuck. Meistens sind die Bedürfnisse größer als das zur Verfügung stehende Geld. Deshalb ist es wichtig, mit dem vorhandenen Geld sorgsam zu wirtschaften.

Wer wirtschaftet, trägt Verantwortung für sich und andere Menschen. Deine Eltern sind für ihre Familie verantwortlich, Unternehmer tragen Verantwortung für ihre Kunden und Mitarbeiter.

Wie kann eine Familie sinnvoll wirtschaften?

Wenn deine Eltern auf alle Bedürfnisse eingehen und alle Familienmitglieder zufrieden stellen wollen, müssen sie überlegt und planvoll vorgehen. Sie müssen sich das Wirtschaftsgeld über den ganzen Monat gut einteilen und überlegen, welche Dinge sie davon einkaufen wollen und in welchen Geschäften.

Beim Einkaufen achten sie darauf, nur so viele Lebensmittel zu besorgen, wie die Familie benötigt, damit nichts verdirbt. Um Geld zu sparen, suchen sie nach besonders günstigen Angeboten. Zu Hause erleichtern ihnen Hilfsmittel wie Staubsauger, Spülmaschine, Waschmaschine und Wäschetrockner die Arbeit. Sie kosten zwar Geld, erlauben aber ein „effizienteres" Wirtschaften: Die Arbeit geht schneller voran und man kann in der gleichen Zeit mehr erledigen.

Bei uns gehören Hobbies, Sport und viele andere Dinge zum Alltag, die in anderen Ländern schon ein Luxus wären.

VOM BEDÜRFNIS ZUR NACHFRAGE

Wer Durst hat und aus diesem Mangelgefühl heraus trinken möchte, kann dieses Bedürfnis auch mit Regenwasser stillen. Regenwasser ist ein „freies Gut", das niemandem gehört. Deshalb kann auch niemand dafür einen Preis verlangen. Nur ein „knappes Gut", zu dem nicht jedermann Zugang hat, ist ein wirtschaftliches Gut, für das ein Preis erhoben werden kann. Erwerben kann es nur, wer diesen Preis bezahlt. Erst ein Bedürfnis und das nötige Geld zusammen ergeben also eine „kaufkräftige Nachfrage".

TASCHENGELD

Viele Kinder und Jugendliche bekommen von ihren Eltern Taschengeld, damit sie lernen, mit Geld umzugehen: Sie können dann selbst entscheiden, was sie sich von ihrem Geld leisten wollen und ob eine Sache ihren Preis wert ist. Bei Kindern sind das Taschengeld und Geldgeschenke von Eltern oder Verwandten die Haupteinnahmequellen. Viele Jugendliche dagegen verdienen sich durch Nebenjobs und Ferienarbeiten schon eigenes Geld dazu. Insgesamt verfügen die über 10 Millionen deutschen Kinder und Jugendlichen im Alter von sechs bis 17 Jahren über etwa 17 Milliarden Euro an Bargeld und Sparguthaben. Dahinter steckt eine große Kaufkraft, die Kinder und Jugendliche zu einem wichtigen Wirtschaftsfaktor macht.

Zeitschriften, Comics — 16 %
Kino — 16 %
Getränke — 12 %
CDs — 12 %
Kleidung — 12 %
Süßigkeiten, Schokolade — 42 %
Speisen, Fast Food — 11 %
Konzerte, Veranstaltungen — 11 %
Spiele, Spielzeug — 9 %

Einer Umfrage zufolge geben Kinder und Jugendliche das meiste Taschengeld für Süßigkeiten aus. Auch Mehrfachnennungen waren möglich.

Wie lauten die grundlegenden Wirtschaftsregeln?

Die grundlegende Wirtschaftsregel lautet: „Gehe sparsam mit knappen Gütern um. Verschwende nichts." Bei einer Familie ist das knappe Gut, das nur in begrenztem Maß zur Verfügung steht, das monatliche Wirtschaftsgeld. Um es möglichst sinnvoll einzusetzen, können deine Eltern verschiedene Wege gehen. Sie können zum Beispiel nach dem so genannten Maximalprinzip handeln: „Versuche, mit den gegebenen Mitteln einen größtmöglichen Erfolg zu erreichen." So handeln sie, wenn sie 50 Euro zur Verfügung haben und davon möglichst viele Lebensmittel einkaufen möchten. Sie suchen verschiedene Läden auf und kaufen dort ein, wo sie für 50 Euro das meiste bekommen.

Die Eltern können aber auch nach dem so genannten Minimalprinzip vorgehen: „Versuche, den gewünschten Erfolg mit möglichst geringem Einsatz an Mitteln zu erreichen." So handeln sie, wenn sie erst einen Einkaufszettel schreiben und dann versuchen, genau die gewünschten Waren zu möglichst günstigen Preisen einzukaufen. Gelingt ihnen das, bleibt vielleicht noch Geld für andere Käufe oder fürs Sparbuch übrig. Ganz ähnlich wie die Eltern, die sparsam mit dem Wirtschaftsgeld umgehen, Einkäufe planen und Preise vergleichen, handeln übrigens auch Unternehmen.

Musik spielt für viele Jugendliche eine große Rolle. Oft wird ein großer Teil des Taschengelds in CDs gesteckt.

VERSCHULDUNG

In Deutschland sind 2,5 bis 3 Millionen Privathaushalte überschuldet. Die Gründe dafür sind vielfältig. Manche Menschen geraten durch Arbeitslosigkeit oder Krankheit, manche durch eine Trennung in finanzielle Not. Viele jedoch verlieren auch einfach den Überblick über ihre finanziellen Verpflichtungen. Es scheint so einfach, etwas auf Kredit zu erwerben: Gekauft wird jetzt, gezahlt wird später. Kreditkarten und Überziehungskredite bei Banken verschieben den Zeitpunkt der Zahlung. So häufen sich allmählich die Zahlungsverpflichtungen. Selbst Jugendliche machen immer häufiger Schulden, zum Beispiel, weil sie SMS und lange Handy-Gespräche lieben und sich bei der Höhe der fälligen Telefongebühren verschätzen. Da die Schulden durch die anfallenden Zinsen immer höher werden, die Einnahmen aber nur selten steigen, spricht man auch von der „Schuldenfalle". Aus ihr finden viele Menschen nur durch Hilfe von außen, zum Beispiel durch die Schuldnerberatung bei den Sozialämtern, wieder heraus.

Blick in eine Großbäckerei und einen Handwerksbetrieb.

Die Unternehmen

In den Unternehmen werden all die Waren und Dienstleistungen hergestellt, die wir auf dem Markt kaufen können. Dazu beschäftigen die Betriebe Mitarbeiter und setzen Maschinen ein. Jedes Unternehmen versucht, seine Produkte möglichst gewinnbringend zu verkaufen. Ob es sich um große Industriebetriebe mit Tausenden von Mitarbeitern handelt oder um kleine

| **Was ist ein Unternehmen?** |

Handwerksbetriebe, um Restaurants, Reisebüros, Supermärkte, Kinos, Banken oder Arztpraxen – überall arbeiten Menschen, um Güter zu erzeugen oder Dienstleistungen zu erbringen.

Wer etwas produzieren möchte, benötigt dazu eine ganze Reihe von Dingen. Gründet jemand zum Beispiel eine Fabrik, dann braucht er einen Standort für das Fabrikgebäude. Er braucht Geld, um Maschinen, Möbel und Computer zu kaufen, und er muss Menschen einstellen, die für ihn arbeiten. Diese Mittel nennen wir auch Produktionsfaktoren. Dazu zählen:

| **Was braucht ein Betrieb, um etwas zu produzieren?** |

1. der Boden. Damit ist die Natur gemeint, die uns Bodenschätze, Wasser, Licht und Luft liefert, aber auch als Ackerfläche dient oder als Standort für ein Fabrikgebäude.

Auch der kleine Tante-Emma-Laden um die Ecke ist ein Unternehmen.

BETRIEB UND FIRMA

Im normalen Sprachgebrauch werden die Worte Betrieb und Firma meist gleichbedeutend mit dem Wort Unternehmen verwendet. Streng genommen ist mit „Betrieb" aber nur eine bestimmte Produktionsstätte gemeint. Ein Unternehmen kann also aus mehreren Betrieben an verschiedenen Orten bestehen. „Firma" bezeichnet eigentlich nur den Namen, unter dem ein Betrieb im Handelsregister eingetragen ist.

Boden

Arbeit

Kapital

Die Produktionsfaktoren Boden, Arbeit und Kapital sind die Voraussetzungen für die Produktion von Gütern und Dienstleistungen.

DAS GRÖSSTE UNTERNEH-MEN DER WELT ist die Wal-Mart-Kaufhauskette aus den USA. An zweiter Stelle folgt der Mineralölkonzern Exxon, an dritter der Automobilgigant General Motors. An vierter und fünfter Stelle stehen der britisch-amerikanische Mineralölkonzern BP-Amoco und die Ford-Motorenwerke aus den USA. Auf Platz sechs der internationalen Rangliste liegt das deutsch-amerikanische Unternehmen Daimler-Chrysler. Die nach Daimler-Chrysler größten deutschen Unternehmen sind der Automobilhersteller **Volkswagen** auf Rang 18, der Elektrotechnik- und Elektronikkonzern **Siemens** (Rang 19) und der Stromversorger **Eon** (Rang 24).

Mitarbeiter von Daimler-Chrysler bei der Fertigung der Mercedes S-Klasse. Weltweit lassen die deutschen Automobilfirmen pro Jahr über zwölf Millionen Autos fertigen. Rund 5,7 Millionen Wagen werden in Deutschland hergestellt.

2. die Arbeit. Nur durch Arbeit können wir die Kräfte der Natur nutzen und Güter herstellen. Im Wirtschaftsprozess bedeutet Arbeit jede geistige und körperliche Tätigkeit des Menschen, die darauf abzielt, Einkommen zu erwirtschaften.

3. das Kapital. Darunter versteht man das Geldkapital, also die zur Verfügung stehenden Geldmittel, und das Sachkapital, also alle Maschinen, Gebäude, Produkte und Werkzeuge, die zur Herstellung anderer Güter notwendig sind.

Alle größeren Unternehmen verfügen über eine Geschäftsleitung, die durch den Geschäftsführer oder Vorstand wahrgenommen wird. Die Geschäftsleitung nennt man auch Management. Sie ist allen anderen Abteilungen übergeordnet.

In Industriebetrieben teilt man die Abteilungen in drei große Bereiche ein: Beschaffung, Fertigung und Absatz. Beschaffung meint den Einkauf von Rohstoffen und anderen Gütern, die zur Produktion nötig sind. In der Fertigung erfolgt die Herstellung der Waren, und als Absatz bezeichnet man den Verkauf der Produkte.

Daneben gibt es so genannte

Wie ist ein modernes Unternehmen aufgebaut?

Mitarbeiter eines Unternehmens bei einer Geschäftsbesprechung.

Stabsabteilungen, die für alle Bereiche der Firma wichtig sind. Dazu zählen zum Beispiel die Buchführung, die Finanz- und die Personalabteilung.

In modernen Unternehmen erfolgt die Führung der Mitarbeiter durch Zielvereinbarungen. Es wird nicht mehr jeder Arbeitsschritt vom Chef vorgeschrieben. Die Abteilungen erhalten Zielvorgaben und entscheiden selbst, wie sie diese in die Tat umsetzen. Ein Beispiel: Die Geschäftsleitung einer Konditorei beschließt, eine neue Sorte Pralinen auf den Markt zu bringen, und bestimmt, wie viel die Werbung dafür kosten darf. Innerhalb des Kostenrahmens entscheidet der Werbeleiter selbst, welche Art von Werbung er für richtig hält. So sind alle im Unternehmen arbeitenden Menschen dafür verantwortlich, dass das Unternehmen erfolgreich wirtschaftet.

Die Abteilungen eines Unternehmens

Für die Beschaffung der Rohstoffe ist die Einkaufsabteilung zuständig. In einer Großbäckerei zum Beispiel, die Torten, Kuchen und Gebäck herstellt, sorgen die Mitarbeiter des Einkaufs dafür, dass alle Zutaten stets in ausreichender Menge vorrätig sind: Mehl, Zucker und Eipulver, Kakao und Kaffeebohnen und vieles mehr. Dabei sind die Mitarbeiter stets auf der Suche nach dem günstigsten Angebot und vergleichen die Preise verschiedener Lieferanten. Verarbeitet werden die Rohstoffe dann in der Produktionsabteilung – sie heißt bei anderen Industrieunternehmen auch „Fertigung" oder einfach „das Werk". In modernen Betrieben werden dabei viele Arbeitsschritte von Maschinen übernommen. Der gesamte Herstellungsprozess unterliegt ständigen Qualitätskontrollen.

Der Produktion ist die Entwicklungsabteilung angegliedert, in der sich erfindungsreiche Mitarbeiter immer wieder neue Produkte ausdenken oder schon bestehende Erzeugnisse verbessern. Dabei arbeiten sie eng mit den Kollegen aus der Marktforschung zusammen, die zum Beispiel untersuchen, welche neuen Geschmacksrichtungen oder Kuchensorten die Kunden gerne möchten.

Um den Verkauf, den Absatz der Produkte, kümmert sich die Vertriebsabteilung. Geschulte Außendienstmitarbeiter suchen die Kunden auf, bei einer Großkonditorei zum Beispiel Bäckereien und Supermärkte, stellen das Angebot vor und schließen mit den Kunden Lieferverträge ab. Neben dem Verkauf organisiert der Vertrieb auch die Lagerhaltung und den Transport der Waren. Mit dem Vertrieb arbeitet die Marketingabteilung eng zusammen, die für die Förderung des Verkaufs zuständig ist. Sie entwirft geeignete Werbemaßnahmen, betreibt Marktforschung und entwickelt neue Verkaufsstrategien.

Personalabteilung
Der Leiter der Personalabteilung empfängt einen Bewerber für eine neu zu besetzende Stelle im Vertrieb.

Buchhaltung
Die Mitarbeiter der Buchhaltung bearbeiten Rechnungen und führen Buch über die Einnahmen und Ausgaben.

Einkauf
Ein LKW bringt gerade Rohstoffe – Kaffee und Kakao – aus Übersee, die er am Hafen geladen hat. Ein Mitarbeiter des Einkaufs wird die Lieferung entgegennehmen und überprüfen.

Rohstoff-Lager
Bis zu ihrer Verarbeitung werden die Rohstoffe im Lager aufbewahrt.

Entwicklungsabteilung
Mitarbeiter der Entwicklungsabteilung erfinden und testen neue Produkte.

Geschäftsleitung

Der Geschäftsführer und die Leiter der einzelnen Abteilungen halten ihre wöchentliche Sitzung ab. Hier werden Probleme besprochen und neue Ideen entwickelt. Im Vorzimmer organisiert die Assistentin die Termine.

Marketing

Der Leiter der Marketingabteilung erklärt Außendienstmitarbeitern die Vorzüge einer neuen Kuchenkreation.

Lager für Endprodukte

Hier werden die fertigen Waren bis zum Abtransport gelagert. Ein LKW steht schon bereit.

Vertrieb

Ein Vertriebsmitarbeiter telefoniert mit dem Leiter des Supermarkts wegen einer neuen Lieferung.

Produktion

In der Produktionsabteilung werden Kuchen, Torten und Gebäck aller Art hergestellt. Hier sind Mitarbeiter gerade damit beschäftigt, Sahnetorten zu verzieren und zu verpacken. Anschließend werden sie ins Lager für Endprodukte gebracht.

Supermarkt

Im Supermarkt werden Kuchen und Torten verkauft.

Im Laufe eines Geschäftsjahres fallen in jedem Unternehmen eine Vielzahl von Kosten an. Das eingekaufte Material und neue Maschinen müssen bezahlt werden, ebenso die Zinsen für aufgenommene Kredite, die Forschung und die Entwicklung neuer Produkte, Löhne und Gehälter, Wasser, Strom und Heizung, Miete für die Firmengebäude und alle laufenden Ausgaben in Verwaltung und Vertrieb, wie zum Beispiel Telefon- und Portokosten.

Über alle diese Ausgaben ebenso wie über die Einnahmen wird in einem Unternehmen genau Buch geführt. Das bedeutet, dass alle Geschäftsvorgänge und Vermögensgegenstände anhand von Belegen, wie zum Beispiel Rechnungen und Quittungen, systematisch aufgezeichnet werden. Meist gibt es dafür eine eigene Abteilung, die Buchhaltung.

Mit Hilfe der Buchführung findet man heraus, wo welche Kosten anfallen, und kann erkennen, ob das Unternehmen wirtschaftlich arbeitet oder ob an mancher Stelle noch gespart werden kann. Die Berechnung oder „Kalkulation" der Kosten ist außerdem auch die Grundlage für die Festlegung der Preise. Nur wenn die Kosten dauerhaft niedriger liegen als die Verkaufspreise, erwirtschaftet das Unternehmen Gewinn.

Wo fallen in einem Betrieb Kosten an?

Tontafel der Sumerer mit Angaben zum Viehbestand (um 2350 v. Chr.)

DIE BUCHFÜHRUNG als wertmäßige Erfassung aller Geschäftsvorgänge war bereits vor 5000 Jahren in Mesopotamien bekannt. Die Bewirtschaftung der Felder und Lager wurde mit Hilfe von Soll- und Haben-Buchungen auf Konten genau erfasst. Auch in Ägypten (oben) und im alten Rom kannte man die Buchführung. Die doppelte Buchführung erfand der vor über 500 Jahren lebende Franziskanermönch Luca Pacioli. Über die Kaufleute der Fugger und Welser kam sie nach Deutschland.

SO ENTSTEHT DER PREIS FÜR EIN SAHNETÖRTCHEN:

0,15 €

1
Forschungs- und Entwicklungskosten: Ausgaben für die Geschmacksanalyse und die Forschung nach den richtigen Aromastoffen

0,88 €

2
Materialkosten: Ausgaben für Zutaten wie Mehl und Zucker, Butter, Eier, Früchte und Schokoladenglasur

4
Fertigungslohn: Vom Backen bis zur Verzierung sind mehrere Arbeitsgänge nötig.

0,75 €

3
Gemeinkosten: Miete für die Fertigungshalle, Kosten für Heizung und Strom

1,62 €

0,30 €

5
Abschreibungen: Kosten, die dadurch entstehen, dass Maschinen durch den Gebrauch an Wert verlieren

0,23 €

6
Fremdkapitalzinsen: Zinsen, die für aufgenommene Kredite an die Bank gezahlt werden müssen

7
Verwaltungskosten: für das Erfassen sämtlicher Geschäftsvorgänge durch die Buchhaltung sowie die Klärung steuerlicher und rechtlicher Fragen

0,25 €

0,45 €

8
Vertrieb: Kosten für die Lagerhaltung und Auslieferung an den Kunden sowie für Werbung und Marketing

4,63 €

Gewinnaufschlag
Preisaufschlag von 35 Cent

9
Selbstkosten pro Torte: Summe der angefallenen Kosten

10

11
Verkaufspreis: Preis, zu dem die Torte an den Händler verkauft wird

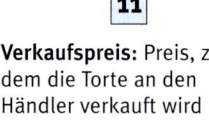
4,98 €

DIE KAUFMÄNNISCHE BUCHFÜHRUNG ist eine doppelte Buchführung. Jeder Geschäftsvorgang wird immer zweifach aufgezeichnet: einmal links, auf der Sollseite eines Kontos, und einmal rechts, auf der Habenseite eines anderen Kontos. Wird zum Beispiel ein neuer Firmenwagen gekauft, so wird auf dem Konto „PKW" auf der Soll-Seite ein Zugang verbucht. Zugleich sinkt aber das Bankguthaben des Unternehmens. Die Zahlung für das Auto wird auf dem Konto „Bankguthaben" auf der Haben-Seite verzeichnet. Genau darin liegt der Vorteil der doppelten Buchführung: Die Soll-Seite (S) ist das Spiegelbild der Haben-Seite (H). So können Fehler viel leichter bemerkt werden.

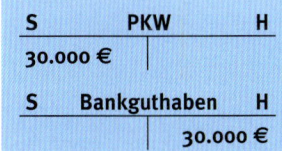

S	PKW	H
30.000 €		
S	**Bankguthaben**	**H**
		30.000 €

Wie werden die Preise festgelegt?

Manche Kosten sind für jedes einzelne Produkt genau messbar. So lässt sich zum Beispiel bei der Herstellung von Sahnetorten die Menge der Zutaten für eine Torte genau bestimmen. Solche Kosten nennt man Einzelkosten. Es gibt aber auch Kosten, die für alle Produkte gemeinsam anfallen, wie zum Beispiel Miete, Strom und Heizung für die Fertigungshalle oder für die Büros der Verwaltung. Diese Kosten werden Gemeinkosten genannt. Da man die Gemeinkosten keinem einzelnen Produkt zuordnen kann, werden sie auf die Zahl der hergestellten Waren umgelegt.

Die Summe von Einzel- und Gemeinkosten pro hergestelltem Produkt ergibt die Selbstkosten. Die Selbstkosten sind diejenigen Kosten, die das Unternehmen aufwenden muss, um seine Waren zu entwickeln, herzustellen und zu vermarkten. Normalerweise wird zu den Selbstkosten noch ein Gewinnaufschlag, die so genannte Gewinnmarge, hinzugerechnet. Das ergibt dann den Verkaufspreis, also den Preis, zu dem die Produkte an den Händler verkauft werden.

Der Händler, der die Ware in seinem Laden anbietet, erhöht den Preis noch einmal, um selbst auch etwas am Verkauf zu verdienen. Diesen Preisaufschlag nennt man Handelsspanne. Außerdem muss der Händler noch die Mehrwertsteuer hinzurechnen, die er später an den Staat wieder abführt. Jetzt erst steht der Ladenpreis für das Produkt fest.

Was bedeutet der Gewinn?

Der Gewinn ist das Maß für den wirtschaftlichen Erfolg eines Unternehmens. Ein Unternehmen macht Gewinn, wenn es am Ende des Jahres einen Überschuss erwirtschaftet hat, das heißt, wenn die Einnahmen höher sind als die Ausgaben. Das ist für jedes Unternehmen überlebenswichtig. Denn nur dann, wenn ein Überschuss erwirtschaftet wurde, steht auch wieder Geld für neue Anschaffungen und für die Entwicklung neuer Produkte zur Verfügung. Außerdem will

---

PRODUKTIVITÄT UND WIRTSCHAFTLICHKEIT

Produktivität und Wirtschaftlichkeit sind wichtige Messgrößen für den wirtschaftlichen Erfolg eines Unternehmens. Der Begriff Produktivität beschreibt das Verhältnis zwischen der Gütermenge, die produziert wurde, und der dafür benötigten Arbeitszeit. So ist zum Beispiel die Produktivität des Bäckermeisters Schulze, dem es gelingt, in einer Dreiviertelstunde 15 Törtchen herzustellen, höher als die des Bäckermeisters Meier, der in einer Dreiviertelstunde nur 10 Törtchen produziert. Um die Wirtschaftlichkeit eines Unternehmens zu ermitteln, setzt man den Erlös, der durch den Verkauf der hergestellten Waren erzielt wurde, ins Verhältnis zu den angefallenen Kosten. In unserem Beispiel ist die Wirtschaftlichkeit von Bäckermeister Meier höher: Er hat es geschafft, seine 10 Törtchen teurer zu verkaufen.

ja auch der Unternehmer etwas verdienen. Sein Einkommen bezieht er aus dem Gewinn. Gleichzeitig ist der Gewinn der Ausgleich für das „unternehmerische Risiko", also dafür, dass der Unternehmer Kapital in seine Firma gesteckt hat, das er im Falle eines Verlustes nicht mehr zurückbekommt.

Um festzustellen, ob erfolgreich gewirtschaftet wurde, zieht jedes Unternehmen am Jahresende Bilanz: Es rechnet aus, ob es Gewinn oder Verlust gemacht hat. Das tut es in der Gewinn- und Verlustrechnung und in der Bilanz. Die Gewinn- und Verlustrechnung ist eine Aufstellung der Kosten und Erlöse. In der Bilanz werden die Vermögenswerte eines Unternehmens (Aktiva) dem eingesetzten Kapital (Passiva) gegenübergestellt. Gewinn- und Verlustrechnung, Bilanz und ein Bericht über die aktuelle wirtschaftliche Lage des Unternehmens bilden den so genannten Jahresabschluss. Bei Aktiengesellschaften und anderen großen Unternehmen werden diese Informationen in einer Broschüre, dem Geschäftsbericht, veröffentlicht.

Oft entscheiden sich die Eigentümer eines Unternehmens dafür, den Gewinn im Unternehmen zu belassen. Man sagt, der Gewinn wird einbehalten. Das Geld wird dann vielleicht dazu verwendet,

Wohin fließt der Gewinn eines Unternehmens?

Mitarbeiter des Holzmann-Konzerns protestieren gegen die angekündigte Schließung ihres Werks. Bei größeren Betrieben wird im Falle eines Konkurses ein Sozialplan aufgestellt, der die Folgen des Arbeitsplatzverlustes für die Mitarbeiter mildern soll.

Aktiva (Mittelverwendung)

Die Aktivseite der Bilanz stellt den Wert der Vermögensgegenstände eines Unternehmens dar. Sie zeigt, in welchen Gegenständen die Finanzmittel angelegt sind.

	EURO
Anlagevermögen Vermögensgegenstände, die dem Unternehmen langfristig zur Verfügung stehen	102.200
Grundstücke	25.000
Gebäude	35.000
Maschinen	40.200
Langfristige Finanzanlagen (zum Beispiel Beteiligung an einem Partnerunternehmen)	2.000
Umlaufvermögen Vermögensgegenstände, die bald verbraucht, weiterverarbeitet oder verkauft werden, also „in Umlauf gelangen"	155.000
Vorräte an Rohstoffen	38.000
Lagerbestand an unfertigen und fertigen Produkten	45.000
Geldforderungen gegenüber Kunden	35.000
Wertpapiere	13.000
Bankguthaben	22.000
Kassenbestand	2.000
Bilanzsumme	257.200

Passiva (Mittelherkunft)

Die Passivseite der Bilanz zeigt die Herkunft der im Unternehmen eingesetzten eigenen und fremden Mittel. Passiva sind Geldwerte.

	EURO
Eigenkapital Kapital, das der Firma selbst gehört	27.100
Grundkapital	25.000
Verlustvortrag Verlust aus den Vorjahren	-200
Jahresüberschuss Gewinn des abgelaufenen Geschäftsjahres (Ergebnis der Gewinn- und Verlustrechnung)	2.300
Fremdkapital Gelder, die der Firma von fremden Kapitalgebern, zum Beispiel Banken, geliehen wurden. Sie heißen auch Verbindlichkeiten, weil sie „verbindlich" zurückgezahlt werden müssen.	230.100
Bankkredite	210.100
Kredit des Partnerunternehmens	20.000
Bilanzsumme	257.200

Bilanz der Firma Backfrisch GmbH zum 31.12.2002. Eine Bilanz ist immer ausgeglichen, das heißt beide Seiten weisen den gleichen Wert auf. Kommt links etwas hinzu, etwa ein Grundstück für 20.000 Euro, muss sich rechts ein Gegenwert finden, etwa ein neuer Kredit über 20.000 Euro.

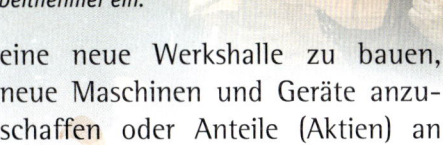

Mitarbeiter des Automobilherstellers Volkswagen bei der Wahl des Betriebsrats. Für größere Unternehmen ist ein Betriebsrat gesetzlich vorgeschrieben.

DER BETRIEBSRAT

Die Mitarbeiter eines Unternehmens sind an sicheren Arbeitsplätzen, guten Gehältern und guten Arbeitsbedingungen interessiert. Ihre Interessen werden durch den Betriebsrat vertreten. Viele Arbeitnehmer sind auch Mitglied in einer Gewerkschaft, um ihren Forderungen mehr Nachdruck zu verleihen. Gewerkschaften vertreten die Angehörigen bestimmter Industriezweige. Ihr Ziel ist es, Arbeitsplätze zu sichern und die Einkommen der Arbeitnehmer zu erhöhen. Sie spielen eine wichtige Rolle bei der Festlegung der Löhne und Arbeitsbedingungen, die sie in so genannten Tarifverhandlungen gemeinsam mit den Arbeitgeberverbänden aushandeln.

Gewerkschaften, wie hier die älteste deutsche Industriegewerkschaft IG Metall, setzen sich für höhere Löhne und für die Rechte der Arbeitnehmer ein.

Das Wort Bilanz kommt vom lateinischen Wort „bilanx" (zweischalig) und bezieht sich auf eine Waage mit zwei Schalen.

eine neue Werkshalle zu bauen, neue Maschinen und Geräte anzuschaffen oder Anteile (Aktien) an anderen Unternehmen zu kaufen.

Von Gewinnausschüttung dagegen spricht man, wenn der erwirtschaftete Überschuss an die Eigentümer ausbezahlt, das heißt ausgeschüttet, wird. Dieses Geld steht dem Unternehmen dann nicht mehr zur Verfügung.

Im Jahr 2000 gingen in Deutschland 28 000 Unternehmen „pleite". Das entsprach einem von 100 bestehenden Unternehmen. Viele Menschen verloren dadurch ihren Arbeitsplatz. Die Gründe für eine Pleite sind unterschiedlich. Manchmal hat eine Firma über mehrere Jahre hinweg Verluste gemacht und immer wieder neue Kredite aufgenommen, um ihre Geschäfte weiterführen zu können. Dann hat sie irgendwann so viele Schulden angehäuft, dass diese höher sind als der Wert aller Vermögensgegenstände zusammen. Dies nennt man Überschuldung. In einem solchen Fall ist das Unternehmen meist nicht

Was bedeutet es, wenn ein Betrieb „pleite macht"?

mehr zu retten. Es geht in Konkurs und wird aufgelöst, die Arbeitsplätze sind verloren.

Eine Firma kann aber auch in die Zahlungsunfähigkeit (Insolvenz) geraten, wenn zum Beispiel viele Kunden ihre Rechnungen lange nicht begleichen. Zahlungsunfähigkeit bedeutet, dass ein Unternehmen kein Geld mehr „flüssig" hat: Es kann die Lieferanten nicht mehr bezahlen und ebenso wenig die Steuern, die Löhne und Gehälter der Mitarbeiter, die Miete, die Stromrechnungen und alle anderen, für den normalen Geschäftsbetrieb notwendigen Ausgaben. In diesem Fall wird vom Gericht zunächst ein Insolvenzverwalter eingesetzt, der die Geschäfte fortführt und sich darum bemüht, das Unternehmen zu sanieren, das heißt wirtschaftlich „gesund" zu machen. Ziel ist, einen möglichst großen Teil der Arbeitsplätze zu erhalten, auch wenn manchmal Teile des Unternehmens verkauft oder geschlossen werden müssen.

Zu den größten Insolvenzfällen der letzten Jahre zählten in Deutschland das Bauunternehmen Philipp Holzmann, der Medienunternehmer Leo Kirch und die Telefongesellschaft Mobilcom.

35

Neueröffnung eines Kaufhauses (oben). Etwa 755 000 Unternehmen wurden im Jahr 2000 in Deutschland neu gegründet. Vorher wird mit der Bank genau besprochen, wie die neue Firma finanziert werden soll.

Clevere Geschäftsideen: Post-it, Fischer-Dübel und Swatch-Uhr.

Wie gründet man ein Unternehmen?

Wer ein eigenes Unternehmen gründen möchte, muss mindestens 18 Jahre alt sein. Und er braucht eine gute Geschäftsidee. Dann gilt es, aus der Idee einen Geschäftsplan zu entwickeln, in dem alle Einzelheiten der Unternehmensgründung genau festgehalten werden.

Dazu gehört zum Beispiel, dass die Anschaffungen für Räume und Geräte geplant, Partner und Mitarbeiter gefunden und die Kosten kalkuliert werden. Man muss überlegen, welche Rechtsform man wählen will und wie die betrieblichen Abläufe organisiert werden sollen.

Wichtig ist auch, die Marktsituation zu untersuchen: Hat mein Produkt überhaupt eine Chance auf dem Markt? Wie stark ist die Konkurrenz? Wie groß ist der in Frage kommende Kundenkreis? Schließlich müssen Banken oder andere Kapitalgeber für die Finanzierung gewonnen werden.

Jeder zweite Selbstständige gibt nach wenigen Jahren wieder auf. Denn es ist relativ einfach, ein eigenes kleines Unternehmen zu starten – nicht aber, es über mehrere Jahre erfolgreich zu leiten. Ein gut geführtes Unternehmen betreibt daher stets Risikovorsorge: Es forscht nach, wo Produkt, Service oder Vertrieb noch verbessert werden könnten, sorgt für eine sichere Finanzgrundlage und versucht, neue Kunden zu gewinnen.

UMSATZRENDITE

Die Umsatzrendite ist eine wichtige Maßzahl, die angibt, wie viel ein Unternehmen verdient, wenn es 100 Euro Umsatz macht, das heißt Produkte im Wert von 100 Euro verkauft. Bei deutschen Unternehmen blieben im Jahr 2000 von 100 Euro Verkaufserlösen durchschnittlich nur 2,40 Euro Gewinn übrig. Das ergibt eine Umsatzrendite von 2,4 %. In Österreich und der Schweiz blieben bei Verkaufserlösen von 100 Euro immerhin über 4 Euro Gewinn übrig. Europäischer Spitzenreiter war Irland mit einer Umsatzrendite von 10,2 %, danach folgte Finnland mit 4,5 %.

VERSCHIEDENE INTERESSEN

Hinter jedem Unternehmen stecken Menschen – als Mitarbeiter genauso wie als Kunden und Geschäftspartner. Nicht immer sind die Interessen aller Gruppen gleichgerichtet. Die Eigentümer eines Unternehmens wollen in der Regel einen möglichst hohen Ertrag erwirtschaften. So ist das Kapital, das sie eingesetzt haben, sicher und steigt im Wert. Daran sind auch die Mitarbeiter interessiert, denn wenn es der Firma gut geht, bedeutet das sichere Arbeitsplätze. Gleichzeitig wollen sie aber auch gute Gehälter, und diese wiederum schmälern den Ertrag des Unternehmens. Die Banken wollen sicherstellen, dass ihre Kredite nicht gefährdet sind, und achten darauf, dass das Unternehmen solide wirtschaftet und über finanzielle Reserven verfügt. Das kann den Spielraum für neue Investitionen begrenzen. Die Kunden wollen gute Produkte und guten Service zu möglichst günstigen Preisen, während die Firma möglichst viel an ihren Produkten verdienen will. Die Lieferanten möchten ihre Waren möglichst teuer verkaufen, während das Unternehmen so billig wie möglich einkaufen will. Es ist nicht immer einfach, einen Ausgleich zwischen diesen verschiedenen Interessen zu finden.

AG, KG, GmbH und OHG ...

WEM GEHÖREN DIE UNTERNEHMEN?

Unternehmen gehören Privatpersonen, dem Staat oder anderen Unternehmen – doch am Ende stehen immer Menschen hinter den Unternehmen. Nach der Rechtsform unterscheidet man Einzelunternehmen, Personengesellschaften und Kapitalgesellschaften. Die Frage, wer im Falle eines Verlustes haftet, ist entscheidend für die Wahl der Rechtsform.

EINZELUNTERNEHMEN

Ein Einzelunternehmer entscheidet allein, haftet aber auch allein für entstehende Verluste. Das bedeutet, dass im Notfall sein gesamtes Privatvermögen, also beispielsweise Haus oder Auto, herangezogen werden, um entstandene Verluste zu decken. Zu den Einzelunternehmern zählen zum Beispiel der Einzelhandelskaufmann, der ein kleines Geschäft betreibt, sowie viele Handwerker und Freiberufler.

PERSONENGESELLSCHAFTEN

Leiten mehrere Personen das Unternehmen gemeinsam, spricht man von einer Personengesellschaft. Ihre Eigentümer heißen auch „Gesellschafter", weil sie mit einer Geld- oder Sacheinlage an der Gesellschaft – dem Unternehmen – beteiligt sind. Eine klassische Personengesellschaft ist die Offene Handelsgesellschaft (OHG). Sie besteht aus mindestens zwei Gesellschaftern, die beide an der Geschäftsführung beteiligt sind und unbeschränkt haften, das heißt auch mit ihrem Privatvermögen. Bei der Kommanditgesellschaft (KG) dagegen haftet nur eine Person, der so genannte Komplementär. Er führt in der Regel auch die Geschäfte. Die anderen Gesellschafter, auch Kommanditisten genannt, haften nur mit ihrer Geld- oder Sacheinlage. Ihr persönliches Vermögen bleibt im Falle eines Verlustes unangetastet. Sie haben daher nur ein beschränktes Mitspracherecht und können das Unternehmen nach außen hin nicht vertreten.

KAPITALGESELLSCHAFTEN

Bei den Kapitalgesellschaften ist die Haftung ganz auf das Kapital der Firma beschränkt, das Privatvermögen der Gesellschafter bleibt bei einem Verlust unberührt. Schon der Name „Gesellschaft mit beschränkter Haftung" (GmbH) bringt das

Früh übt sich, wer später einmal selbst ein Unternehmer werden will ...

zum Ausdruck. Bei der GmbH berufen die Gesellschafter einen Geschäftsführer, der für die GmbH handelt und dafür ein Gehalt bezieht. Der Gewinn wird zwischen den Gesellschaftern aufgeteilt. Zur Gründung einer GmbH ist ein Mindestkapital von 25 000 Euro vorgeschrieben.

Eine Aktiengesellschaft (AG) ist eine Kapitalgesellschaft, bei der das Kapital von vielen Gesellschaftern, den Aktionären, aufgebracht wird. Mit ihren Aktien besitzen sie Anteile am Unternehmen. Zur Gründung einer AG ist ein Mindestkapital von 50 000 Euro vorgeschrieben. Wenn das Unternehmen Gewinne erzielt, erhalten die Aktionäre am Jahresende eine Gewinnausschüttung, die so genannte Dividende. Geht die Firma in Konkurs, verlieren sie „nur" ihren Aktienanteil.

GROSSE UND KLEINE UNTERNEHMEN

OHG, KG und GmbH sind die Gesellschaftsformen vor allem für kleine und mittlere Unternehmen. Man bezeichnet sie auch als „Mittelstand". Zu den kleinen Unternehmen zählen Betriebe mit bis zu neun Mitarbeitern und weniger als einer Million Euro Umsatz im Jahr. Mittelgroße Unternehmen sind Firmen mit weniger als 500 Mitarbeitern und Umsätzen von unter 50 Millionen Euro. In Deutschland gibt es 3,3 Millionen kleine und mittlere Unternehmen, darunter 578 000 Handwerksbetriebe und 739 000 Freiberufler. Freiberufler sind zum Beispiel Maler, Musiker und Journalisten, Ärzte, Apotheker, Architekten und Berater. Der Mittelstand beschäftigt fast 70 % aller Arbeitnehmer und bildet einen Großteil der jungen Menschen aus.

Aktiengesellschaften sind meist sehr große Unternehmen. Die Geschäfte werden vom Vorstand geführt. Um den Vorstand zu kontrollieren, gibt es den Aufsichtsrat, der von den Aktionären gewählt wird. Einmal im Jahr, auf der Hauptversammlung, präsentiert der Vorstand den Geschäftsbericht.

Banken und Börse

Sparen bedeutet, einen Teil seines Einkommens nicht auszugeben, sondern zurückzulegen, um erst später darüber zu verfügen.

Warum sparen die Menschen?

Im Schnitt legen die Bürger von 100 Euro ihres Einkommens etwa zehn Euro „auf die hohe Kante". Die meisten Menschen wollen sich durch das Sparen für Notfälle absichern oder für das Alter vorsorgen. Viele sparen auch gezielt für größere Anschaffungen wie zum Beispiel eine Urlaubsreise, ein neues Auto oder ein eigenes Haus. Andere legen Geld zurück, um später Ausbildung oder Studium der Kinder finanzieren zu können. Auch die meisten Kinder und Jugendlichen zwischen sechs und 17 Jahren verfügen über ein eigenes Sparbuch, auf dem durchschnittlich gut 500 Euro liegen.

Wer spart, gibt dieses Geld nicht für Einkäufe aus. Wir sagen, er übt Konsumverzicht. Dieser Verzicht fällt schwer, daher braucht es Anreize, zu sparen. Ein Anreiz liegt im Sparen selbst: Wer regelmäßig Geld zurücklegt, hat nach einiger Zeit eine größere Summe beisammen und kann sich zum Beispiel eine teure Anschaffung leisten. Ein weiterer Anreiz sind die Zinsen, die der Sparer auf sein Bankguthaben erhält.

Das Sparen erfüllt in unserer Wirtschaft eine wichtige Aufgabe. Denn das Geld der Sparer liegt bei der Bank nicht einfach nur herum, sondern wird – meist in größeren Summen – an andere Kunden weiterverliehen. Eine solche geliehene Geldsumme nennt man Kredit. Aus diesem Grund heißen die Banken und Sparkassen auch „Kreditinstitute".

Wozu verwendet die Bank das Geld der Sparer?

Viele große deutsche Banken, die Europäische Zentralbank und die deutsche Börse haben ihren Sitz in Frankfurt. Neben London ist es der wichtigste europäische Finanzplatz.

ZINSEN

Zinsen sind der Preis für das geliehene Geld. Jeder Kreditnehmer muss auf den Kredit, den er von der Bank bekommt, Zinsen zahlen. Sie heißen auch Soll-Zinsen, weil sie der Bank geschuldet werden. Eine Eselsbrücke lautet: „Weil der Schuldner das Geld zurückzahlen soll". Bei den Sparern ist der Fall genau umgekehrt: Sie leihen der Bank Geld und bekommen dafür Zinsen. Hier ist also der Kunde der Kreditgeber und die Bank der Kreditnehmer. Die Zinsen auf das Ersparte heißen Haben-Zinsen, weil sie das Guthaben des Sparers erhöhen.

Das eigene Haus ist das wichtigste Sparziel der Bundesbürger. Meistens wird dafür zusätzlich ein Kredit bei der Bank aufgenommen.

Durch die Vergabe von Krediten sorgen die Banken dafür, dass das Geld der Sparer in den Wirtschaftskreislauf zurückfließt.

Was sind Zinsen?

Zinsen sind eine notwendige Einnahmequelle für die Banken. Denn auch die Banken sind Unternehmen, die eine Vielzahl von Geschäften tätigen. Sie vergeben nicht nur Kredite, sondern handeln zum Beispiel auch mit Wertpapieren und Devisen. Bei ihren Bankgeschäften müssen sie, wie andere Unternehmen auch, einen Gewinn erzielen. Jede Bank achtet daher darauf, dass sie durch die Kreditvergabe mehr Zinsen einnimmt, als sie für die Sparguthaben bezahlen muss. Die so genannte Zinsspanne, die Spanne zwischen den Kreditzinsen und den Zinsen auf Spareinlagen, ist die Haupteinnahmequelle der Bank – neben den Gebühren, etwa für die Kontoführung.

Aus diesen Einnahmen bestreitet die Bank alle anfallenden Kosten. Dazu zählen auch die Ausgaben für den normalen Geschäftsbetrieb, zum Beispiel die Gehälter für die Mitarbeiter, die Miete für das Bankgebäude, die Anschaffung neuer Computer oder Heizungs- und Stromkosten.

FEUERWEHR-FONDS

Um die Sicherheit der Spargelder zu gewährleisten, unterliegen Banken einer strengen Aufsicht durch das Bundesamt für das Kreditwesen und die Bundesbank. Sie dürfen nur das 3,5-fache der Einlagen wieder ausleihen und auch dies nur an Kreditnehmer, die sie streng geprüft haben. Gerät eine Bank trotzdem in Zahlungsschwierigkeiten, wird dies meist durch die Eigentümer der Bank ausgeglichen. Als eine Art Notfall-Kasse dient der Einlagensicherungsfonds, in den alle Banken regelmäßig einzahlen. Durch diesen so genannten „Feuerwehr-Fonds" ist sichergestellt, dass die Sparer auch bei einer Bankenpleite auf jeden Fall ihr Geld bekommen.

Kreditnehmer sind Privatleute und Unternehmen, aber auch staatliche Stellen wie etwa Städte und Gemeinden. Mit den Spargeldern werden große Teile der staatlichen und privaten Investitionen finanziert. Investitionen sind Ausgaben, die für die Zukunft einen Ertrag erwarten lassen. Ein Unternehmen kann zum Beispiel in den Bau einer neuen Lagerhalle oder in modernere Maschinen investieren, in die Entwicklung eines neuen Produkts oder in den Erwerb eines anderen Unternehmens. Privatleute bezahlen mit dem Kredit von der Bank zum Beispiel einen Haus- oder Autokauf. Meist wird ein Kredit in festen monatlichen Beträgen, so genannten Raten, an die Bank zurückgezahlt.

Viele Menschen sparen für größere Anschaffungen – wie zum Beispiel ein Fahrrad, einen Computer, eine Stereoanlage oder eine Urlaubsreise.

Geld,
das zu Hause im
Sparschwein oder unter der Matratze liegt, bringt keine Zinsen.

Kunstgegenstände wie
Bilder oder Antiquitäten sind nur dem Kenner als Anlageform zu empfehlen.

Die Banken sind dazu verpflichtet, die Kreditwürdigkeit einer Person und den Verwendungszweck des Kredits genau zu überprüfen. Damit soll gewährleistet werden, dass der Kreditnehmer das geliehene Geld auch zurückzahlen kann. Bei großen Kreditsummen muss die Bank außerdem Sicherheiten verlangen. Dazu gehören Einkommensnachweise, Bürgschaften und Grundschulden.

Wer ist kreditwürdig?

Zahlt der Kreditnehmer den Kredit samt Schuldzinsen nicht zurück, versucht die Bank, diese Sicherheiten zu verwerten. Dann wird zum Beispiel das Einkommen gepfändet, das heißt es wird bis auf einen Grundbetrag, den man zum Leben braucht, das Existenzminimum, von der Bank eingezogen. Oder das mit einer Hypothek oder Grundschuld belastete Haus wird versteigert. Vom Verwertungserlös behält die Bank so viel, wie der Kredit und die aufge-

laufenen Schuldzinsen ausmachen, der Rest wird dem Kreditnehmer gutgeschrieben.

Banken bieten verschiedene Formen der Geldanlage an. Am weitesten verbreitet sind Sparbücher, Sparbriefe und Termingelder.

Wie kann man sein Geld anlegen?

Sparbücher haben eine unbefristete Laufzeit und sind jederzeit verfügbar. Sparbriefe laufen meist über eine Zeit von zwei bis fünf Jahren. Hier liegt das Geld ebenso wie bei Termingeldern, die bis zu einem bestimmten Datum angelegt sind, auf einem Konto fest, kann also nicht abgehoben werden. Je länger die Laufzeit, desto höher ist im Allgemeinen der Zins: Schließlich ist längerfristig überlassenes Kapital für die Banken wertvoller als Geld, das der Kunde jederzeit zurückfordern kann.

Eine andere Möglichkeit, Geld anzulegen, bietet der Ankauf von Wertpapieren. Festverzinsliche Wertpapiere garantieren während ihrer meist drei- bis zehnjährigen Laufzeit einen festen Zins. Aktien zählen eben-

Banken halten für ihre Kunden verschiedene Formen der Geldanlage bereit – vom Sparbuch für das Taschengeld bis hin zu Aktien und festverzinslichen Wertpapieren. Je nach Anlageform fällt der Ertrag sehr unterschiedlich aus.

Durch Kredite an Privatleute und Unternehmen sorgen die Banken dafür, dass das Geld der Sparer in den Wirtschaftskreislauf zurückfließt und dort nutzbringend eingesetzt werden kann.

Banken leiten
das Geld vieler
Sparer an eine
große Zahl von
Kreditnehmern
weiter.

DAS MAGISCHE DREIECK DER VERMÖGENSANLAGE

Vielen Sparern kommt es bei der Geldanlage nicht nur darauf an, einen möglichst hohen Ertrag, das heißt eine hohe Rendite, zu erzielen. Sie wollen vor allem kein Risiko eingehen und wählen daher eine sichere Anlageform. Andere Sparer legen großen Wert auf Liquidität. Sie wollen ihr Geld so anlegen, dass es bei Bedarf möglichst schnell wieder „flüssig" gemacht werden kann. Rendite, Sicherheit und Liquidität bilden das „magische Dreieck" der Vermögensanlage. Alle drei Ziele lassen sich nicht gleichzeitig erreichen. So bieten sichere und sehr liquide Anlageformen meist eine geringere Verzinsung, das heißt eine niedrigere Rendite.

Banken sind ebenso wie Versicherungsgesellschaften und Fonds wichtige Akteure auf den internationalen Finanzmärkten. Dort werden Währungen (Devisen) und Wertpapiere gehandelt. Die Banken wickeln nicht nur die Aufträge ihrer Kunden ab, sondern kaufen und verkaufen auch auf eigene Rechnung. Jede Sekunde gibt es neue Meldungen über die wirtschaftliche Lage von Staaten und Unternehmen, die sich auf die Kurse der Aktien, die Wechselkurse und die Zinsen auswirken. Wertpapier- und Devisenhändler in den Banken verfolgen die Kursentwicklung online auf dem Bildschirm und geben ihre Aufträge sofort per Telefon oder E-mail an Börsenmakler weiter. Die Preise auf den Märkten – Zinsen, Wechselkurse und Wertpapierkurse – ändern sich jede Sekunde.

Aktien sind Anteile an Unternehmen. Wer eine Aktie kauft, wird Miteigentümer des Unternehmens. Macht die Firma Gewinn, erhalten die Aktionäre eine Dividende, der Kurs der Aktien steigt. Bei Verlusten fällt die Dividende aus, der Wert der Aktien sinkt. Links eine historische Aktie der Firma Siemens aus dem Jahr 1920.

falls zu den Wertpapieren, ihre Dividende und Kursentwicklung ist aber vom Erfolg der Aktiengesellschaft abhängig und kann stark schwanken.

Für Kunden, die ihr Vermögen nicht selbst verwalten wollen, bieten Banken entsprechende Dienstleistungen an. Ein Beispiel sind so genannte Investmentfonds: große Gesellschaften, in denen das Geld vieler Anleger gemeinsam verwaltet und in festverzinslichen Wertpapieren, Aktien oder Immobilien angelegt wird. Der Ertrag dieser Anlagen wird, abzüglich einer Gebühr für den Fonds, auf die Anleger verteilt.

Neben Finanzanlagen sind Anlagen in Immobilien, also in Haus- und Grundbesitz, weit verbreitet. Da Grund und Boden in vielen europäischen Ländern knapp sind, stellt Grundvermögen fast immer eine wertvolle Anlageform dar. Allerdings gibt es hier große Unterschiede:

Bebaubarer Grund in begehrten Lagen, beispielsweise in der Stadt, ist wesentlich teurer als ein Stück Feld weitab von jeder Straße. So kann der Quadratmeter Baugrund in einer Großstadt bis zu 2000 Euro kosten, während man einen Quadratmeter Ackerboden auf dem Land oft schon für einen Euro kaufen kann. Allerdings können sich die Immobilienpreise rasch ändern, je nachdem, wie sich das umliegende Wohn- oder Geschäftsviertel und damit die Nachfrage nach Wohn- oder Büroräumen entwickeln.

Banken sind gut gegen Einbrüche gesichert. Doch selbst wenn Einbrecher Beute machen – der Sparer erhält sein Geld in jedem Fall zurück.

An der Börse

Börsen sind Märkte, auf denen sowohl Güter als auch Wertpapiere gehandelt werden. Käufer und Verkäufer treffen sich dabei nicht persönlich, sondern geben ihre Aufträge an Börsenhändler, so genannte Broker, weiter. Diese tätigen im Auftrag ihrer Kunden Käufe und Verkäufe.

Was ist eine Börse?

Voraussetzung für den Börsenhandel ist ein „standardisiertes Produkt": ein Produkt, das so exakt beschrieben ist, dass eine persönliche Prüfung nicht mehr nötig ist. Agrarprodukte, die an Güterbörsen gehandelt werden, wie Getreide, Soja und Mais, Raps, Bananen, Zucker, Kakaobohnen und Kaffee, aber auch Fleischprodukte kommen daher in genau festgelegten Größen- und Qualitätsklassen auf den Markt. Das ist wichtig, weil die Ware ja nicht vor dem Börsengebäude steht, sondern in Lagerhäusern an irgendeinem Ort der Welt. Mit Geschäftsabschluss wechseln ganze Warenladungen ihren Besitzer und werden anschließend an ihren neuen Bestimmungsort transportiert – ohne dass der Makler oder sein Kunde die gekauften Produkte vorher zu Gesicht bekommen hätten. Rohstoffe wie Eisen, Kupfer, Kohle oder Erdöl werden an den Rohstoffbörsen gehandelt.

Die Frankfurter Börse ist die größte und wichtigste Börse in Deutschland.

SPITZENREITER

Die größten Aktienbörsen Europas sind die Londoner Börse, die Deutsche Börse in Frankfurt und die Börse in Paris, gefolgt von der italienischen, der Amsterdamer und der Schweizer Börse. International sind die New York Stock Exchange und die Börse in Hongkong Spitzenreiter nach Kurswerten und Umsätzen.

BÖRSENHANDEL

Ein Blick in den Saal der Frankfurter Wertpapierbörse: Auf dem Parkett herrscht großes Gedränge. Börsenmakler schreien, gestikulieren und laufen hektisch durcheinander. Jeder ruft seine Kauf- oder Verkaufsaufträge in den Raum und hofft, dass ein anderer den dazu passenden Gegenauftrag in Händen hält. Ein paar kurze Satzbrocken und Handzeichen genügen den Maklern, um zu wissen, wer wie viel zu welchem Preis kaufen oder verkaufen will. Sind sich die Geschäftspartner einig, bestätigt der eine seinen Kauf mit einem kurzen „Von dir!" oder „An dich!" oder einfach durch ein Handzeichen: Schon ist das Geschäft perfekt. Der Makler kritzelt sich eilig eine Notiz auf einen Zettel und schon wird der nächste Auftrag in Angriff genommen. Der Handel auf dem Börsenparkett wird jedoch schon bald der Vergangenheit angehören. Mehr und mehr übernehmen Computerbörsen die Arbeit der Makler. Mit Hilfe des elektronischen Handelssystems Xetra übermitteln Computer die Aufträge der Anleger an die Börse und suchen einen passenden Gegenauftrag. Ein solches System ist schneller und billiger. Schon heute werden über 90 % der Aufträge von Kleinanlegern über Xetra abgewickelt.

AKTIENINDEX

Um die allgemeine Kursentwicklung an den Börsen besser verfolgen zu können, wurden so genannte Indizes geschaffen. Ein Index ist der Durchschnittskurs eines ganzen Aktienkorbs. Im Deutschen Aktienindex DAX sind die 30 umsatzstärksten und größten deutschen Aktiengesellschaften vertreten. Der älteste Index der Welt, der amerikanische Dow Jones, enthält die 30 größten an der New Yorker Börse gehandelten Aktien.

Was geschieht an den Aktienbörsen?

Anteile an Unternehmen (Aktien) werden an Aktienbörsen gehandelt. Banken bündeln die vielen kleinen und großen Kundenaufträge und kaufen und verkaufen im Auftrag ihrer Kunden. Der Börsenkurs der Aktie steigt oder fällt – je nachdem, wie sich Angebot und Nachfrage an den Börsen verändern. Angebot und Nachfrage an den Börsen sind stark von den neuesten Nachrichten über das betreffende Unternehmen und seine Branche abhängig. So steigt zum Beispiel die Nachfrage nach den Aktien eines Unternehmens und damit sein Börsenkurs, wenn neue Großaufträge, aufregende Forschungsergebnisse oder der Bau neuer Fabriken und Filialen gemeldet werden. Firmenmeldungen über negative Ereignisse wie drohende Absatzrückgänge oder finanzielle Engpässe lassen die Nachfrage und den Börsenkurs sinken. Banken und Fachleute, die darauf spezialisiert sind, Firmen zu analysieren, sind gemeinsam mit der Presse ständig dabei, Neuigkeiten über das Unternehmen und den Geschäftsverlauf herauszufinden, um ihren Kunden entsprechende Kauf- oder Verkaufsempfehlungen zu geben.

HANDEL RUND UM DIE UHR: Jede Sekunde werden auf den internationalen Geld- und Devisenmärkten per Telefon, Fax und E-mail Millionen von Euro, US-Dollar oder Yen gekauft und verkauft. Und dies rund um die Uhr: Während die Menschen in Mitteleuropa noch schlafen, hat der Handel in Singapur, Hongkong oder Tokio längst begonnen. Wenn die Menschen in Asien zu Bett gehen, beginnt in Europa der Handelstag. Ab etwa 14.00 Uhr mitteleuropäischer Zeit startet das Geschäft in den USA, die später wieder von Asien abgelöst werden. Der Markt schläft also nie. Zinsen und Wechselkurse ändern sich ständig, und da meist große Beträge gehandelt werden, können schon kleine Veränderungen zu großen Gewinnen oder Verlusten führen.

Bulle und Bär sind die Symbole der Börse. Der Bulle steht für den Anleger, der steigende Kurse erwartet, der Bär für den pessimistischen Anleger.

Aktienkurs eines Medienunternehmens. Nach hohem Anstieg sanken die Kurse rasch – die Aktionäre verloren viel Geld.

Die Börsenkurse spiegeln den Erfolg eines Unternehmens wider – oder den Glauben der Leute daran. Wer glaubt, dass der Sparsprit AG der Durchbruch beim umweltfreundlichen Zwei-Liter-Auto gelingen wird, kauft ihre Aktien und hofft auf steigende Kurse.

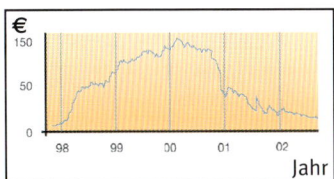

2 *Auch andere Anleger und Banken glauben an den Erfolg der Autofirma und kaufen Aktien des Unternehmens. Die Aktienkurse der Sparsprit AG steigen.*

1

3

Wie hoch und wie lange die Kurse steigen, ist ungewiss. Diese Frau hat ihre Aktien rechtzeitig wieder verkauft und dabei Gewinn gemacht.

4

Die AG Ökocar hat das Zwei-Liter-Auto zuerst herausgebracht. Ihre Aktien steigen rasant, während der Kurs der Sparsprit AG ebenso schnell sinkt. Wer jetzt Sparsprit-Aktien verkauft, macht Verluste.

Staat und Wirtschaft

Der deutsche Reichstag in Berlin ist Sitz der Bundesregierung und des Parlaments.

lefonnetz. Alle diese Einrichtungen fasst man unter dem Begriff Infrastruktur zusammen.

Ministerien, Ämter und Behörden kümmern sich um die Durchführung der Gesetze und eine Vielzahl von Aufgaben wie zum Beispiel die Erhebung der Steuern, die Auszahlung der Sozialhilfe oder die Ausgabe der Pässe und Personalausweise.

Welche Aufgaben hat der Staat?

Der Staat – das ist die Gemeinschaft aller Bürger eines Landes. Um das Land regieren und verwalten zu können, gibt es gemeinsame Organe, Gesetze, Ämter und Behörden. Zu den gemeinsamen Organen zählen die Staatsregierung und das Parlament, die Gerichte, die Armee und die Polizei. Staatliche Behörden sind zum Beispiel Rathäuser, Finanzämter und Arbeitsämter. All diese Organe zusammen – manchmal auch einzelne davon – bezeichnen wir mit dem Begriff „Staat".

Der Staat nimmt vielfältige Aufgaben für die Bürger wahr. Er richtet Kindergärten, Schulen und Universitäten ein, finanziert Krankenhäuser, Museen und Bibliotheken, baut Straßen, Kläranlagen und Mülldeponien, kümmert sich um das Bus- und Bahnnetz, die Wasser- und Energieversorgung sowie um das Te-

Was sind Steuern?

Um alle Leistungen bezahlen zu können, erhebt der Staat Steuern. Sie sind seine wichtigste Einnahmequelle. Jeder Bürger und jedes Unternehmen zahlen Steuern. Die Steuerabgaben werden auf Bund, Länder und Gemeinden aufgeteilt.

Es gibt verschiedene Steuerarten. Bei den verbrauchsabhängigen Steuern bemisst sich die Höhe nach dem Verbrauch. Zu ihnen zählen die Mehrwertsteuer, die auf alle Waren erhoben wird, und die Mineralölsteuer, die beim Tanken von Benzin fällig wird. Je mehr jemand einkauft oder tankt, desto mehr Mehrwertsteuer oder Mineralölsteuer bezahlt er. Die Mehrwertsteuer ist die ergiebigste Geldquelle des Staates, die Mineralölsteuer die drittgrößte Einnahmequelle.

Neben den verbrauchsabhängigen Steuern gibt es auch einkommens- bzw. ertragsabhängige Steuern. Sie

STAATSANGESTELLTE

In Deutschland sind mehr als 4,6 Millionen Menschen als Beamte oder Angestellte für den Staat tätig. Sie arbeiten als Lehrer, als Erzieher in Kindergärten, als Dozenten an Hochschulen, als Krankenpfleger, Verwaltungsbeamte oder Sozialhelfer, als Polizisten oder Soldaten, als Richter oder Verkehrsplaner, als Vermessungsingenieure, Busfahrer oder Kanalarbeiter.

Der Staat nimmt für die Bürger viele Aufgaben wahr. Er finanziert zum Beispiel öffentliche Einrichtungen wie Museen und baut Straßen und Kläranlagen.

orientieren sich bei Privatleuten an der Höhe des Einkommens, bei Unternehmen an der Höhe des Gewinns (Ertrags). Bei Arbeitern und Angestellten wird die Lohnsteuer direkt vom Bruttoverdienst abgezogen. Die Lohnsteuer ist die zweitgrößte Geldquelle unseres Staates. Bei der Einkommensteuer werden zusätzlich auch andere Einkunftsarten, etwa Einkünfte aus Land- und Forstwirtschaft oder einem Gewerbebetrieb, Zinsen aus Bankguthaben, Pacht- oder Mieteinnahmen berücksichtigt.

Auch Unternehmen müssen aus ihrem Jahresgewinn Steuern bezahlen. Diese Steuern, die Gewerbesteuer und die Körperschaftssteuer, sind die viertgrößte Einnahmequelle des Staates. Weitere Steuern orientieren sich am Wert des Grundvermögens, wie die Grundsteuer und die Grunderwerbssteuer, oder am Wert einer Erbschaft, wie die Erbschaftssteuer.

Wie kann der Staat mit Steuern steuern?

Mit Hilfe der Steuern kann der Staat Wirtschaftsvorgänge gezielt beeinflussen. Indem er Steuern erhebt, kann er unerwünschte Produkte oder Geschäftsvorgänge verteuern. Beispiele dafür sind die Tabak- und Branntweinsteuer. Steuern werden auch dazu eingesetzt, um bei den Bürgern umweltbewusstes Verhalten zu fördern. Mineralölsteuer und Ökosteuer zum Beispiel, die auf Benzin erhoben werden, sollen die Bürger dazu anregen, wo immer es möglich ist, auf umweltschonende Verkehrsmittel wie Fahrrad, Bus oder Bahn umzusteigen. Dadurch will man den Autoverkehr und damit den Schadstoffausstoß verringern. Von einem Euro, den man an der Tankstelle für den Liter Benzin bezahlt, fließen

BUND, LÄNDER UND GEMEINDEN: DIE EBENEN DER STAATLICHEN VERWALTUNG

Die staatliche Verwaltung ist in drei Ebenen gegliedert. Die oberste Ebene bilden die Regierungen und Verwaltungsorgane der Bundesstaaten – der Bundesrepublik Deutschland, der Bundesrepublik Österreich und des Schweizer Bunds. Dies ist die Bundesebene oder kurz „der Bund". Die zweite Ebene bilden die 16 deutschen bzw. 7 österreichischen Bundesländer, in der Schweiz die 26 Kantone. Die dritte Ebene sind die Städte und Gemeinden (auch „Kommunen" genannt). In Deutschland kümmert sich der Bund um die nationalen Aufgaben wie zum Beispiel die Landesverteidigung, die Bundesländer um Schulen und Universitäten, den Straßenbau und die Polizei, die Städte und Gemeinden um Kindergärten und Krankenhäuser, Museen, Busse und Straßenbahnen, die Energieversorgung, Kläranlagen und Mülldeponien. Deutschland und Österreich sind außerdem Mitglieder der Europäischen Union (EU). Die EU kümmert sich um gemeinsame europäische Aufgaben und legt Rahmenbedingungen für die Wirtschaft fest, die von den Mitgliedstaaten umgesetzt werden.

Eine Parlamentssitzung im Reichstag in Berlin.

über die Hälfte als Öko- und Mineralölsteuer an den Staat.

Die Steuerpolitik begünstigt außerdem gezielt bestimmte Personenkreise. Familien zum Beispiel müssen weniger Lohn- und Einkommensteuer zahlen. Auch die Landwirte und viele andere gesellschaftliche Gruppen werden steuerlich

gefördert, ebenso wie bestimmte Geschäftsvorgänge. Einzelregelungen und Ausnahmebestimmungen machen das Steuersystem sehr kompliziert. Es ist schwer, ein gerechtes System zu finden, das alle persönlichen Lebenslagen und politischen Zielsetzungen berücksichtigt.

Oft reichen die Steuereinnahmen nicht aus, um alle staatlichen Ausgaben zu bezahlen. Deshalb nehmen Bund, Länder und Gemeinden Kredite auf. Diese staatliche Verschuldung ist sinnvoll, so lange die Wirtschaftstätigkeit damit angeregt und in die Zukunft investiert wird: Werden zum Beispiel Schulen und Ausbildungseinrichtungen gebaut, so profitiert vor allem die nächste Generation davon – eben die, die anschließend auch für die Schulden und Zinsen aufkommen muss.

Dennoch ist eine steigende Staatsverschuldung problematisch. Immer größere Beträge sind nötig, um allein die Kreditzinsen zu decken. Dieses Geld kann dann nicht mehr

Warum macht der Staat Schulden?

Um seine Aufgaben finanzieren zu können, erhebt der Staat Steuern. Darunter sind auch viele Kleinsteuern, wie zum Beispiel die Hundesteuer, die Hundebesitzer bezahlen, oder die Schankerlaubnissteuer, die von Gastwirten entrichtet wird. Es gibt eine Biersteuer, eine Lotteriesteuer und eine Vergnügungssteuer, mit der Glücksspiele in Spielkasinos belegt sind. Für ein Auto bezahlt man Kfz-Steuer.

DIE STAATSSCHULDEN der Bundesrepublik Deutschland beliefen sich Ende 2001 auf etwas mehr als 1 223 Milliarden Euro. Österreich hat eine Verschuldung von mehr als 127 Milliarden Euro. Das sind in beiden Ländern über 15 000 Euro pro Bürger. Auf den Schultern unserer europäischen Nachbarn, allen voran Belgien, Italien, Schweden und Dänemark, lasten jedoch noch höhere Schulden. Um den Schuldenberg des Bundes abzutragen, müssten in Deutschland 30 Millionen Arbeitnehmer ein Jahr lang ihren gesamten Verdienst an den Staat abtreten. Allein die Zinszahlungen machten im Jahr 2000 mehr als 40 Milliarden Euro aus: So viel muss jedes Jahr durch Steuern eingenommen werden, steht aber für andere staatliche Aufgaben nicht zur Verfügung.

In einer freien Marktwirtschaft greift der Staat möglichst wenig in das Wirtschaftsgeschehen ein. Nach dem Vater der Volkswirtschaftslehre, dem Schotten Adam Smith, sorgt die Preisbildung auf dem freien Markt selbst für den Ausgleich von Angebot und Nachfrage, ohne dass es einer staatlichen Einmischung bedarf. Schließlich wissen Haushalte und Unternehmen selbst am besten, was sie tun müssen, um wirtschaftlich erfolgreich zu sein. Nach dem marktwirtschaftlichen Verständnis von Wettbewerb darf der Staat nicht in unternehmerische Entscheidungen eingreifen oder einzelne Unternehmen durch staatliche Unterstützung begünstigen. Unter den heutigen Industrieländern waren die USA der Vorreiter für das System der freien Marktwirtschaft.

Eine der ertragreichsten Steuern ist die Mineralölsteuer, die beim Tanken fällig wird.

In einer Planwirtschaft bestimmt der Staat darüber, welche Produkte wo und in welchen Mengen hergestellt werden. Grund und Boden sowie alle Produktionsmittel gehören dem Staat, nicht einzelnen Bürgern oder Unternehmen. Der Staat legt Löhne und Preise fest und teilt den Menschen und Fabriken die Güter zu. Die Betriebe werden von Staatsangestellten geführt und arbeiten nach staatlichen Planvorgaben. Arbeitslosigkeit existiert nicht, weil die Betriebe stets eine vorgegebene Zahl von Mitarbeitern beschäftigen müssen. In der Praxis haben planwirtschaftliche Systeme, wie es sie früher in kommunistischen oder sozialistischen Ländern gab, zu unbefriedigenden Ergebnissen geführt. Viele Betriebe arbeiteten ineffizient, denn es war schwierig, Tausende von Einzelplänen für jedes Unternehmen, jedes Produkt und jedes Geschäft aufeinander abzustimmen. Die Auswahl an Waren war gering. Oft kam es zu Lieferengpässen. So betrug zum Beispiel in der DDR die Wartezeit für einen Trabi (unten) über zehn Jahre. Heute sind fast alle vormals sozialistischen Länder auf dem Weg in die Marktwirtschaft.

für andere Dinge verwendet werden. Deshalb bemüht sich der Staat, möglichst keine neuen Schulden mehr aufzunehmen und nur noch so viel auszugeben, wie er im jeweiligen Jahr einnimmt. Für viele Menschen ist das schmerzlich, denn es bedeutet, dass der Staat seine Leistungen kürzt – zum Beispiel weniger Geld für arbeitslose Menschen zur Verfügung stellt, auf den Neubau eines Jugendzentrums oder einer Skateboard-Bahn verzichtet oder weniger Sozialhilfe gewährt.

Um für die Zukunft größere Handlungsspielräume zu schaffen – zum Wohl gerade der jungen Menschen in unserem Staat –, wäre eigentlich sogar eine Verringerung des staatlichen Schuldenbergs notwendig. Das hieße, nicht nur zu sparen, sondern auch einen Teil der Schulden zurückzuzahlen. Doch das haben bisher nur wenige Staaten und allenfalls für kurze Zeit geschafft. Die meisten Länder leben mit dem Problem, dass die Ausgaben stets höher sind als die Einnahmen.

Was ist eine Marktwirtschaft?

In Europa wie auch in den USA, Kanada oder Japan leben die Menschen in einer Marktwirtschaft. So nennen wir eine Wirtschaftsordnung, die sich an den Regeln des Marktes orientiert. Haushalte und Unternehmen entscheiden in einer Marktwirtschaft selbst darüber, was und wie viel sie herstellen, kaufen oder verkaufen wollen. Wichtige Antriebskräfte für das wirtschaftliche Handeln sind das Privateigentum und das Streben nach Gewinn.

Ein Bauer zum Beispiel, der ein Stück Land besitzt, will möglichst hohe Erträge erwirtschaften, denn schließlich gehört der Erlös auch wieder ihm selbst. Auch wer Geld in eine eigene Computerfirma gesteckt hat, möchte gute Geschäfte machen. Das eigene Wohlergehen ist ein starker Leistungsanreiz. Durch diese Art von Anreiz bringen Marktwirtschaften sehr hohe technische und wirt-

Als Begründer der sozialen Marktwirtschaft in Deutschland gilt Ludwig Erhard (1897–1977), der erste Wirtschaftsminister der Bundesrepublik.

schaftliche Leistungen hervor. Der Eigennutz und das Gewinnstreben jedes Einzelnen sorgen für Effizienz. Die Unternehmen stehen in einem ständigen, harten Wettbewerb.

Weniger leistungsfähige Menschen sind jedoch im Wettbewerb benachteiligt. Um sie zu unterstützen, wurde das System der sozialen Marktwirtschaft geschaffen. Wir kennen es zum Beispiel aus Deutschland, Österreich und der Schweiz. In der sozialen Marktwirtschaft herrscht nicht der reine Wettbewerb der

Warum wurde die soziale Marktwirtschaft eingeführt?

Stärksten wie in der freien Marktwirtschaft, sondern es wird auch für die Schwächeren gesorgt.

Zwar gibt es auf den Märkten freien Wettbewerb, doch staatliche Gesetze sorgen für einen sozialen Ausgleich. So wird zum Beispiel Bauern und jungen Unternehmern geholfen, sich auf dem Markt zu behaupten. Bürger mit geringerem Einkommen und Familien mit Kindern bezahlen weniger Steuern. Gesetze schützen die Arbeitnehmer und sorgen für deren Mitbestimmung in den Betrieben. Das System der Sozialversicherung gewährt arbeitslosen, kranken und alten Menschen Unterstützung.

Doch die staatliche Hilfe kann immer nur begrenzt sein. Wollte der Staat allen Unternehmen helfen, die in Schwierigkeiten geraten und eine Rundum-Versorgung der Bürger sicherstellen, würde er selbst rasch an seine finanziellen Grenzen kommen. Auch in einer sozialen Marktwirtschaft ist nicht der Staat der Motor des Wirtschaftsgeschehens, sondern Eigeninitiative, Tatkraft und Ideenreichtum der Menschen.

SUBVENTIONEN

Subventionen sind Gelder, mit denen der Staat wirtschaftlich schwächere Gebiete, Branchen oder Betriebe unterstützt. So werden in Deutschland zum Beispiel der Bergbau, die Kohle- und Stahlindustrie, der Schiffsbau und die Landwirtschaft staatlich subventioniert. Subventionen sind in einer Marktwirtschaft dann sinnvoll, wenn eine Krise vorliegt, die mit zeitlich begrenzter

Unterstützung überwunden werden kann oder wenn junge Industrien gefördert werden, bis sie sich selbst im Wettbewerb behaupten können. Subventionen für „sterbende" Branchen oder Betriebe, die sich nicht mehr aus eigener Kraft am Markt halten können, sind vom wirtschaftlichen Standpunkt aus problematisch.

Einst als Staatsbetriebe gegründet, sind Post und Bahn heute weitgehend privatisiert.

DER STAAT ALS UNTERNEHMER

Der Staat nimmt nicht nur durch Gesetze und Steuern Einfluss auf die Wirtschaft, er ist auch einer der größten und mächtigsten Wirtschaftsteilnehmer. Im Bereich der öffentlichen Infrastruktur zum Beispiel kann oft nur der Staat die hohen Ausgaben tätigen, die zum Aufbau eines landesweiten Versorgungsnetzes nötig sind. Daher waren die Bundesbahn, die Bundespost und die Energieversorgungsunternehmen lange Zeit Staatseigentum. In den neunziger Jahren begann man, die Staatsbetriebe zu privatisieren: Sie wurden in Aktiengesellschaften umgewandelt, an denen nun auch Privatleute Aktien erwerben können. Damit soll erreicht werden, dass diese Betriebe stärker gewinnbringend arbeiten. Noch immer besitzt der Staat aber Anteile an den Unternehmen Deutsche Bahn AG, Deutsche Post AG, Deutsche Telekom AG und an den großen Energieversorgern wie RWE oder Eon. Auch an der Deutschen Lufthansa AG, der Volkswagen AG, den Sparkassen und Landesbanken und an zahlreichen weiteren, ehemals staatlichen oder staatlich geförderten Unternehmen hält der Staat Anteile. Insgesamt beträgt der Anteil des Staates an der Wirtschaftsleistung der Bundesrepublik 47 %.

Die Sozialversicherung

Die Sozialversicherung wurde geschaffen, um Menschen, die in Not geraten sind, mit dem Lebensnotwendigen zu versorgen. Sie leistet Zahlungen, wenn Leute krank, arbeitslos oder pflegebedürftig sind oder in Rente gehen. Da diese Leistungen sehr teuer sind, kann nur eine Grundversorgung geboten werden. Für zusätzliche Leistungen muss man private Zusatz-Versicherungen abschließen. Steigende Ausgaben stellen für die Sozialkassen heute ein großes Problem dar.

Die Sozialversicherung ist eine **Pflichtversicherung**, in die alle Arbeitnehmer und Unternehmen einzahlen. Selbstständige müssen sich selbst versichern, bei Beamten übernimmt der Staat zum Teil diese Kosten. Grundgedanke ist die **Solidarität**, das Füreinander-Einstehen. Man kann sich die Sozialkassen wie eine Art großen Topf vorstellen, in den alle einzahlen. Ist jemand von Krankheit oder Arbeitslosigkeit betroffen, erhält er aus diesem Topf Unterstützung. Allerdings muss man auch dann bezahlen, wenn man keine Leistungen in Anspruch nimmt. Dafür hat man aber die Sicherheit, dass einem geholfen wird, wenn es nötig ist.

Die Pflegeversicherung bezahlt die Versorgung von Menschen, die ihren Alltag nicht mehr allein bewältigen können und auf Hilfe angewiesen sind.

Kranken- und Pflegeversicherung

Arbeitnehmer und Unternehmen zahlen einen Teil ihrer Sozialbeiträge an die Krankenkassen. Diese sammeln und verwalten das Geld und stellen es für die

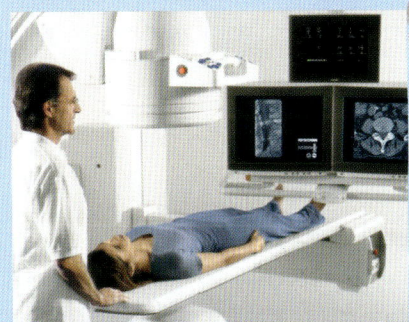

medizinische Behandlung kranker Mitglieder zur Verfügung. Nach dem gleichen Prinzip arbeitet auch die in Deutschland 1991 eingeführte Pflegeversicherung. Sie übernimmt die Kosten für Menschen, die dauerhaft pflegebedürftig sind. Auch hier leisten Arbeitnehmer und Unternehmen Beiträge.

Arbeitslosenversicherung

Die Arbeitslosenversicherung stellt arbeitslos gewordenen Menschen Unterstützungsgelder zur Verfügung, bietet Hilfe bei der Jobsuche an und fördert Weiterbildung und Umschulung, damit die Menschen möglichst bald wieder eine neue Arbeitsstelle finden können. Auch sie wird aus Beiträgen von Arbeitnehmern und Unternehmen gespeist.

Das Arbeitsamt hilft arbeitslosen Menschen bei der Jobsuche, zum Beispiel durch seine Jobdatenbank, in der Stellenangebote aus ganz Deutschland gespeichert sind.

Rentenversicherung

Die Rentenversicherung ist der größte Zweig der Sozialversicherung. Sie basiert auf dem so genannten „Generationenvertrag": Dabei sorgt immer die jüngere, arbeitende Generation für die ältere, für die Rentner. Dieses System funktioniert jedoch nur, wenn immer genügend Kinder geboren werden, die später arbeiten gehen und Beiträge in die Rentenversicherung einzahlen. Die Tatsache, dass die Familien heute immer weniger Kinder haben und viele Paare kinderlos bleiben, stellt die Rentenkassen vor große Probleme. Immer weniger Beitragszahler müssen für immer mehr Rentner aufkommen.

Unfallversicherung

Die Unfallversicherung zahlt zum Beispiel, wenn ein Mitarbeiter einer Firma in Folge eines Berufsunfalls erkrankt. Als Berufsunfälle gelten auch Unfälle auf dem Arbeitsweg. Berufskrankheiten und Gesundheitsgefahren, die durch die Arbeit entstehen, sind ebenfalls von der Unfallversicherung abgedeckt. Die Beiträge zur Unfallversicherung werden nur von den Unternehmen bezahlt.

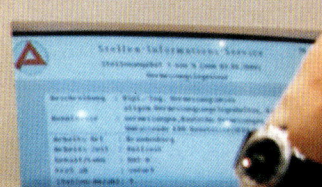

Welche Regeln und Gesetze gibt es für die Wirtschaft?

Um für einen reibungslosen Ablauf des Wirtschaftsgeschehens nach den Regeln der sozialen Marktwirtschaft zu sorgen, hat der Staat eine Reihe von Gesetzen erlassen. Dazu gehört zum Beispiel das Vertragsrecht. Dort ist festgeschrieben, wie Verträge zwischen zwei Partnern zustande kommen und welche Rechte die einzelnen Vertragspartner haben. Verträge sind grundlegend für das Wirtschaftsleben. Sie geben beiden Parteien Rechtssicherheit: Sie stellen sicher, dass man sich auf die Gültigkeit der getroffenen Vereinbarungen verlassen kann. Wird ein Partner vertragsbrüchig, dann kann er vor Gericht verklagt werden.

Das Wettbewerbsrecht sorgt mit seinen Gesetzen für einen fairen Wettbewerb. So sind zum Beispiel Preisabsprachen zwischen Herstellern, so genannte Kartelle, verboten. Über die Einhaltung dieses Gesetzes wacht das Kartellamt. Damit der Verbraucher immer die Wahl zwischen mehreren Anbietern hat, müssen größere Unternehmenszusammenschlüsse, so genannte Fusionen, vom Kartellamt genehmigt werden.

Verbraucherschutzvorschriften sowie unabhängige Prüfstellen gewährleisten, dass von den Waren, die in den Handel kommen, keine Gefahren ausgehen, dass man kaputte Waren zurückgeben kann und dass die Unternehmen für Schäden haften, die durch den Gebrauch fehlerhafter Waren verursacht wurden.

Das Gesellschaftsrecht legt die Rechtsformen für die Unternehmen fest und bestimmt, wer in einer Firma die Entscheidungen trifft, die Gewinne vereinnahmt und für Verluste haftet. Alle Unternehmen müssen ihre Bilanz sowie die Gewinn- und Verlustrechnung prüfen lassen. Große Unternehmen sind verpflichtet, ihren Jahresabschluss offen zu legen. Schließlich gestalten Verträge mit anderen Staaten die Spielregeln für die wirtschaftliche Zusammenarbeit mit dem Ausland.

Nach der Wiedervereinigung Deutschlands wurde die soziale Marktwirtschaft auch in den Ländern der ehemaligen DDR eingeführt. Umbau und Modernisierung veralteter Betriebe erforderten vom Staat hohe Investitionen. Zur Hauptstadt wurde Berlin – das Bild zeigt den Aufbau neuer Gebäude am Potsdamer Platz.

Bahnbrechende Erfindungen wie die Eisenbahn oder die Elektrizität haben das tägliche Leben der Menschen verändert. Oft haben sie auch einen großen wirtschaftlichen Nutzen: Sie lassen neue Märkte entstehen, schaffen Arbeitsplätze und kurbeln so die Wirtschaftstätigkeit an.

Dampfmaschine, Baumwolle, um 1820

Eisenbahn, Dampfschifffahrt, um 1870

Elektrizität, Chemie, um 1910

Öl, Elektronik, Automobile, um 1960

Information, Wissen, Umwelt, um 2020

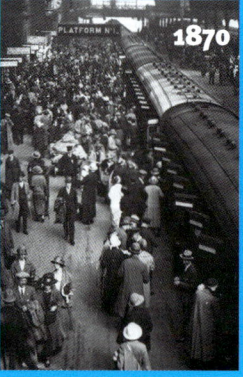

WACHSTUM UND WOHLSTAND

Nach dem Zweiten Weltkrieg erlebten die Menschen in Europa, besonders in Deutschland, einen beispiellosen wirtschaftlichen Aufschwung. Ist dann ein gewisser Wohlstand erreicht, flacht das Wachstum meistens ab: Wenn bereits alle Haushalte über Kühlschrank, Fernseher und Auto verfügen, dann können nicht mehr so viele Produkte abgesetzt werden wie zu Zeiten des Aufbaus. Der Markt ist „gesättigt". Gleichzeitig werden Forderungen nach angemessenem Lohn, kürzeren Arbeitszeiten und mehr Urlaub laut – die Menschen wollen am allgemeinen Aufschwung teilhaben. Dies alles führt dazu, dass die Wirtschaft in vielen Ländern Europas wie auch in Japan nur noch langsam wächst.

Was sind Wachstum und Konjunktur?

Bruttosozialprodukt ist der Fachbegriff für die wirtschaftliche Leistung, das heißt für den Wert aller erzeugten Güter und Dienstleistungen eines Landes. Werden in einem Jahr mehr Güter produziert und mehr Dienstleistungen erbracht als im Vorjahr, steigt das Bruttosozialprodukt und wir sprechen von Wachstum. Wird weniger produziert und an Dienstleistungen erbracht, sinkt die Wirtschaftsleistung und man spricht von einer Rezession.

Nur bei Volkswirtschaften mit hohem Nachholbedarf, also zum Beispiel in den Aufbaujahren nach einem Krieg, lassen sich langjährige hohe Aufwärtsbewegungen beobachten. Normalerweise wechseln sich Wachstums- und Rezessionsphasen ab. Dieses zyklische Auf und Ab der Wirtschaft nennt man Konjunktur. Ein Konjunkturzyklus dauert von einem Aufschwung über den Abschwung bis zu einem neuen Aufschwung etwa sieben bis elf Jahre.

Was hat die Konjunktur mit den Arbeitsplätzen zu tun?

In Zeiten des Wirtschaftswachstums werden Arbeitsplätze geschaffen, in einer Rezession werden Arbeitsplätze abgebaut. Viele, besonders ältere Leute und Menschen ohne Berufsausbildung, finden dann nur schwer wieder eine Stelle. Im Jahr 2002 waren fast vier Millionen Menschen in Deutschland arbeitslos. Das sind 10 % aller Erwerbspersonen – ein riesiges Potential an Arbeitskraft, das ungenutzt

Wenn die Konjunktur „brummt", sind die Auftragsbücher der Unternehmen voll; sie stellen neue Mitarbeiter ein und bilden viele junge Menschen aus.

bleibt. In Österreich und der Schweiz ist die Arbeitslosigkeit mit 3,3 % und 1,7 % deutlich geringer.

Der Staat bemüht sich, dem Auf und Ab der Wirtschaft entgegenzusteuern. So kann er in Zeiten des Abschwungs versuchen, die Wirtschaft durch staatliche Aufträge und Fördermaßnahmen anzukurbeln. In Zeiten reger Wirtschaftstätigkeit drosselt er seine Ausgaben, um die Nachfrage nicht zusätzlich anzufachen und für steigende Preise zu sorgen. Man nennt diese Wirtschaftspolitik auch „antizyklisch", weil sie dem Konjunkturzyklus entgegengerichtet ist.

Expansion   Boom   Rezession   Depression   Expansion

Die vier Phasen der Konjunktur: Während des Aufschwungs (Expansion) verdienen die Leute gut und kaufen viel, die Einnahmen der Unternehmen steigen. Die Hochphase der Konjunktur nennt man Boom. Im Abschwung (Rezession) halten sich die Käufer zurück, die Einnahmen der Firmen sinken, sie schließen Betriebsstätten und entlassen Mitarbeiter. Nach dem Tiefpunkt (Depression) und dem „Gesundschrumpfen" vieler Betriebe folgt ein neuer Aufschwung.

Schon vor 2000 Jahren brachten Kaufleute aus China und dem Orient Gewürze, Seide, Teppiche und Porzellan nach Europa. Manche alten Handelswege werden heute noch benutzt.

Oben: Gewürze waren ein wichtiges Handelsgut. Unten: Marco Polo, ein Kaufmann aus Venedig, bereiste im 13. Jahrhundert China und die Mongolei.

Der internationale Handel

Viele der Waren, die wir im Alltag verwenden, kommen aus dem Ausland. Wir beziehen Computer aus Taiwan, Tee aus Indien, Schuhe aus Portugal, Orangen und Zitronen aus Israel, Spielwaren aus China, Kakao und Kaffee aus Ecuador, um nur einige Beispiele zu nennen.

Wie funktioniert der internationale Handel?

Die Länder der Erde stehen heute in vielfältigen wirtschaftlichen Beziehungen. Sie tauschen Waren und Dienstleistungen aus, geben und erhalten Kredite. Zwischen ihnen fließen gewaltige Kapitalströme. Ein weltumspannendes Handelsnetz, der Weltmarkt, ist entstanden.

Der internationale Handel beruht, ebenso wie der Handel innerhalb eines Landes, auf Arbeitsteilung und Spezialisierung: Jedes Land produziert und verkauft die Produkte, die es am besten und am billigsten herstellen kann. Von dem Erlös erwirbt es die Güter, die in anderen Ländern günstiger und besser hergestellt wurden. Wir nennen dies „internationale Arbeitsteilung".

Im Laufe des 20. Jahrhunderts sind die Wirtschaftsbeziehungen zwischen den Staaten immer enger geworden. Viele Handelsschranken sind gefallen, die früher den internationalen Warenaustausch behinderten. Über moderne Kommunikationsmittel wie Telefon und Internet kann man sich heute ohne Zeitverlust mit Menschen am anderen Ende der Welt verständigen. Via Internet fließen Informationen in Sekundenschnelle rund um den Erd-

Was ist mit dem Begriff Globalisierung gemeint?

IMPORT UND EXPORT

Waren, die ins Ausland verkauft werden, nennen wir Ausfuhren oder Exporte. Güter, die wir aus dem Ausland beziehen, heißen Einfuhren oder Importe. Neben Sachgütern können auch Dienstleistungen exportiert werden. So bieten zum Beispiel Transportunternehmen, Fluglinien und Schifffahrtsgesellschaften ihre Leistungen auch für Kunden im Ausland an, ebenso wie Banken und Versicherungen.

Die Welt wächst zusammen – die Lebensstile ähneln sich immer mehr.

Dank moderner Nachrichtentechnik werden heute in Sekundenschnelle unvorstellbare Datenmengen rund um den Erdball geschickt.

Die Länder der Erde stehen heute in einem regen wirtschaftlichen Austausch. Zwischen ihnen werden Waren, Dienstleistungen, Know-how und Kapital gehandelt.

DER HANDEL MIT WISSEN (Know-how) spielt heute weltweit eine immer größere Rolle. Dazu gehört auch der Bereich der so genannten Lizenzfertigung. So kann zum Beispiel ein deutsches Unternehmen, das nicht selbst im Ausland aktiv werden will, die Pläne für den Bau einer neuen Maschine an eine Firma im Ausland verkaufen. Diese erwirbt damit die Lizenz, das heißt die Erlaubnis, die Maschinen nach den Plänen des deutschen Herstellers selbst zu fertigen. Dafür zahlt sie dem Unternehmen Lizenzgebühren. Auch bei uns werden manche Dinge in Lizenz gefertigt oder vertrieben.

ball. Moderne Verkehrsmittel wie Auto und Flugzeug haben den Transport der Waren und das Reisen zwischen den Ländern enorm vereinfacht und beschleunigt.

Die Menschen arbeiten immer häufiger grenzüberschreitend zusammen. Sie verhandeln mit Kunden in anderen Ländern, richten dort Fabriken und Tochterunternehmen ein, arbeiten in internationalen Firmen mit Kollegen aus aller Welt zusammen und bilden Mitarbeiter aus anderen Staaten aus. Globalisierung ist der Sammelbegriff für diese zunehmende internationale Zusammenarbeit und Vernetzung, aus der ein riesiger, den ganzen Erdball umspannender Markt erwächst.

Für Deutschland ist der weltweite

> ### Welche Produkte verkaufen wir ins Ausland?

Handel besonders wichtig; schließlich zählen wir zu den größten Handelsnationen der Welt. Von fünf Arbeitsplätzen in der Gesamtwirtschaft hängen zwei direkt oder indirekt vom Auslandsgeschäft ab, in der Industrie sind sogar vier von fünf Arbeitsplätzen direkt oder indirekt mit dem Auslandsgeschäft verbunden.

Deutschlands Exportprodukt Nr. 1 sind Automobile. Im Export von Autos ist Deutschland Spitzenreiter weit vor allen anderen Ländern der Welt. Auch bei Chemieprodukten liegt unser Land, gemeinsam mit den USA, an der Weltspitze. Bei Maschinen belegt Deutschland den zweiten Platz hinter den USA und knapp vor Japan. Auch bei Kraftwerken, Turbinen und Elektrotechnik-Erzeugnissen, im Bereich der Luft- und Raumfahrzeugtechnik, in der Feinmechanik, Medizintechnik, Optik und bei Druckmaschinen wird ein großer Teil der Produktion ins Ausland verkauft. Damit ist Deutschland nach den USA und Japan weltweit der drittgrößte Lieferant von hochwertigen Technikerzeugnissen.

Gegen Lizenzgebühren wird Pepsi Cola von Firmen in aller Welt nach dem Originalrezept hergestellt und verkauft.

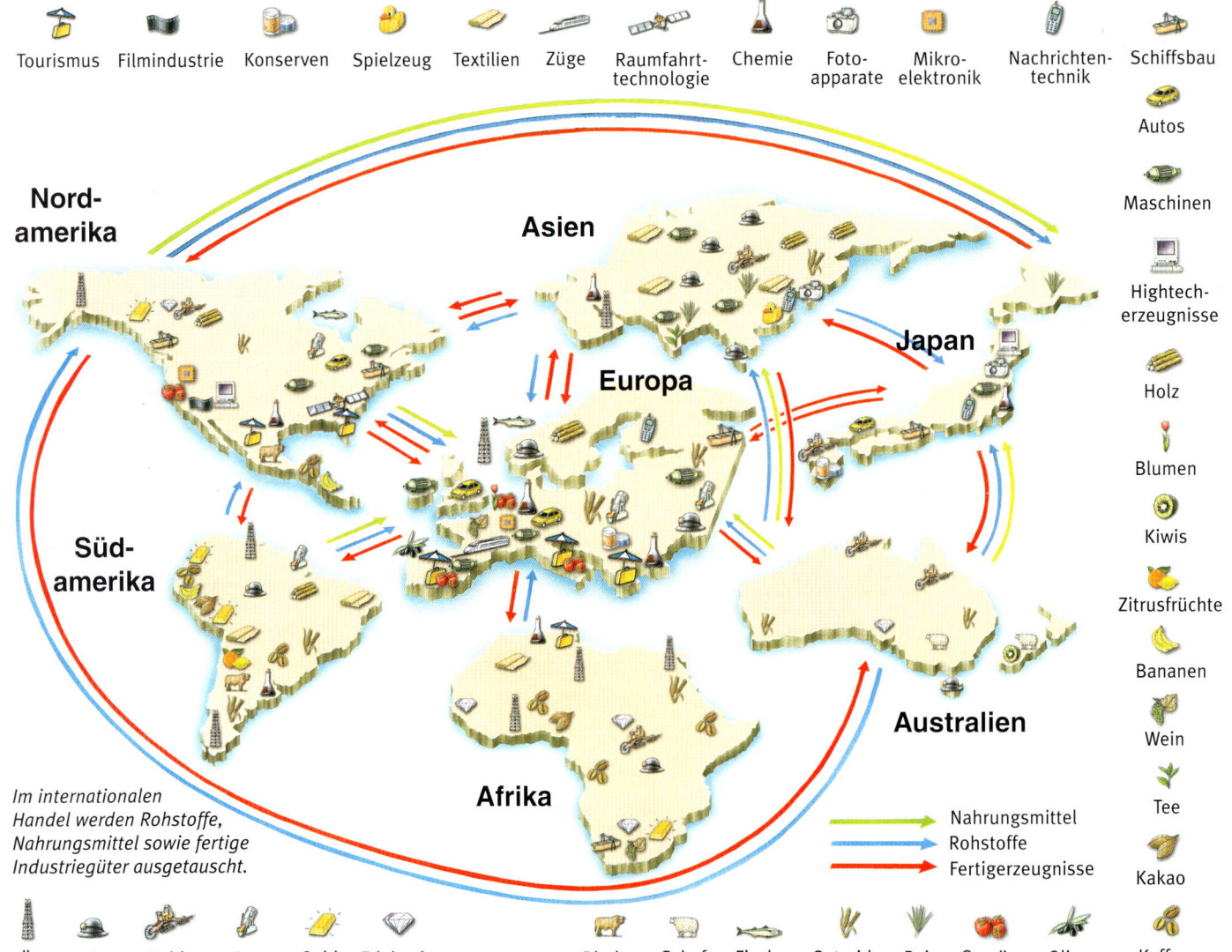

Legende (obere und seitliche Symbole):

Tourismus · Filmindustrie · Konserven · Spielzeug · Textilien · Züge · Raumfahrttechnologie · Chemie · Fotoapparate · Mikroelektronik · Nachrichtentechnik · Schiffsbau

Autos · Maschinen · Hightecherzeugnisse · Holz · Blumen · Kiwis · Zitrusfrüchte · Bananen · Wein · Tee · Kakao · Kaffee

Nordamerika · Asien · Japan · Europa · Südamerika · Australien · Afrika

Im internationalen Handel werden Rohstoffe, Nahrungsmittel sowie fertige Industriegüter ausgetauscht.

→ Nahrungsmittel
→ Rohstoffe
→ Fertigerzeugnisse

Öl · Bodenschätze · Kohle · Eisen und Stahl · Gold · Edelsteine · Rinder · Schafe · Fische · Getreide · Reis · Gemüse · Oliven

---

Auch der Import spielt in Deutschland eine große Rolle. Wichtige Einfuhrgüter sind landwirtschaftliche Produkte wie Holz, Getreide, Obst und Gemüse, aber auch Rohstoffe, allen voran Rohöl, Erdgas, Kohle und Strom. Hier sind wir auf die Lieferungen aus dem Ausland angewiesen, weil unsere eigenen Rohstoffvorräte nicht ausreichen.

Gleichzeitig beziehen wir aber auch viele technisch anspruchsvolle Maschinen und Geräte, zum Beispiel Fernseher, Stereoanlagen, Computer, Mobiltelefone und Mikrochips, aus anderen Industriestaaten wie den USA und Japan sowie von den aufstrebenden asiatischen Ländern.

Deutschland ist für seine Nachbarländer Österreich, Tschechien, die Schweiz, die Slowakei, Polen und Dänemark der Hauptlieferant an Gütern. Andere europäische Länder wie Schweden, die Niederlande, Italien, Belgien, Frankreich und Finnland beziehen über 15 % ihrer Importe aus Deutschland. Insgesamt wickelt Deutschland über die Hälfte und Österreich über 63 % seines Außenhandels mit den Partnerländern in der Europäischen Uni-

> **Welche Waren beziehen wir aus dem Ausland?**

> **Welches sind unsere wichtigsten Handelspartner?**

ÖSTERREICH exportiert vor allem Maschinen und chemische Erzeugnisse. Seine industriellen Stärken liegen im Maschinen- und Stahlbau, in der Chemieindustrie, im Bau von Motoren und Getrieben und in Elektronikprodukten. Daneben ist auch der Tourismus eine der tragenden Säulen der Wirtschaft. In der **SCHWEIZ** bestimmen Maschinen, Apparate, Elektronikerzeugnisse sowie Chemieprodukte wie Medikamente das Exportgeschäft. Auch im Dienstleistungsbereich ist die Schweiz stark: Ihre Banken sind im Bereich der Vermögensverwaltung weltweit führend.

AUSLANDSINVESTITIONEN

Deutsche Unternehmen haben im Jahr 2000 rund 47 Milliarden Euro im Ausland investiert. Davon flossen in die EU-Partnerstaaten 3,3 Milliarden Euro, in andere europäische Länder, vor allem die Slowakei, Polen und Tschechien, 2,5 Milliarden Euro. Das bevorzugte Zielland waren die USA mit 26,8 Milliarden Euro. In Südamerika liegt Brasilien mit 0,9 Milliarden Euro vorn. Die Länder Asiens – allen voran Japan, Südkorea, China, Singapur und Hongkong – sind nach Amerika mit knapp 6 Milliarden Euro die zweite große Zielregion deutscher Unternehmen. Nach Afrika flossen nur 0,5 Milliarden Euro, in die als Steuerparadies geltenden Cayman-Inseln in der Karibik immerhin 5,1 Milliarden Euro.

Deutschland liegt mit seinen Exporten weltweit nach den USA an zweiter Stelle. Nach den USA ist Deutschland auch der zweitgrößte Einkäufer auf dem Weltmarkt.

on ab. Dies ist auch der Grund, warum der gemeinsame europäische Markt für unsere Wirtschaft von großer Bedeutung ist. Wichtige Handelspartner für Deutschland und Österreich sind – neben den USA – außerdem die EU-Beitrittskandidaten Ungarn, Tschechien und Polen.

Auch für die Schweiz, die nicht der EU angehört, ist die EU ein wichtiger Handelspartner: Die Schweiz ist der zweitgrößte Kunde der EU und gleichzeitig ihr drittgrößter Lieferant.

Um sich auf dem Weltmarkt zu behaupten, genügt es heute nicht mehr, nur zu exportieren. Die Unternehmen müssen auch vor Ort auf ihren Märkten präsent sein. Unternehmen, die im Ausland aktiv sind, können kostengünstiger produzieren. Sie sind näher beim Kunden, sparen Transportkosten und Zölle und profitieren davon, dass in vielen Ländern die Löhne ebenso wie die Preise für Grund und Boden niedriger sind. Auch das Partnerland ist daran interessiert, die Fertigung ins Land zu ho-

Warum investieren deutsche Unternehmen im Ausland?

Mitarbeiter deutscher Firmen im Ausland: von Siemens in Indien (rechts) oder Daimler-Chrysler in den USA (oben und unten)

len: So erhält es Zugang zu neuester Technologie und kann mit den erzeugten Waren auf dem Weltmarkt Geld verdienen. Die Mitarbeiter im Land haben Arbeit, verdienen meist mehr als in heimischen Betrieben und erhalten oft eine gute Ausbildung.

Eine Möglichkeit, auf ausländischen Märkten Fuß zu fassen, sind Gemeinschaftsunternehmen zwischen in- und ausländischen Firmen, so genannte Joint Ventures. Der ausländische Partner bringt zum Beispiel Geldmittel und technisches Wissen ein, der inländische stellt Fertigungshallen und Mitarbeiter, manchmal auch Maschinen und Geräte zur Verfügung. Beide teilen sich Geschäftsführung, Erträge und auch das Verlustrisiko. Manchmal bauen Unternehmen auch eigene Fabriken oder Vertriebsbüros in anderen Ländern auf. Sie arbeiten mit Menschen, die vor Ort angeworben werden. Nur einige Führungskräfte und Spezialisten werden vom Hauptsitz der Firma dorthin entsandt, um den Betrieb aufzubauen. Später werden diese Tochterbetriebe im Ausland wie eine Filiale in einer anderen Stadt geführt.

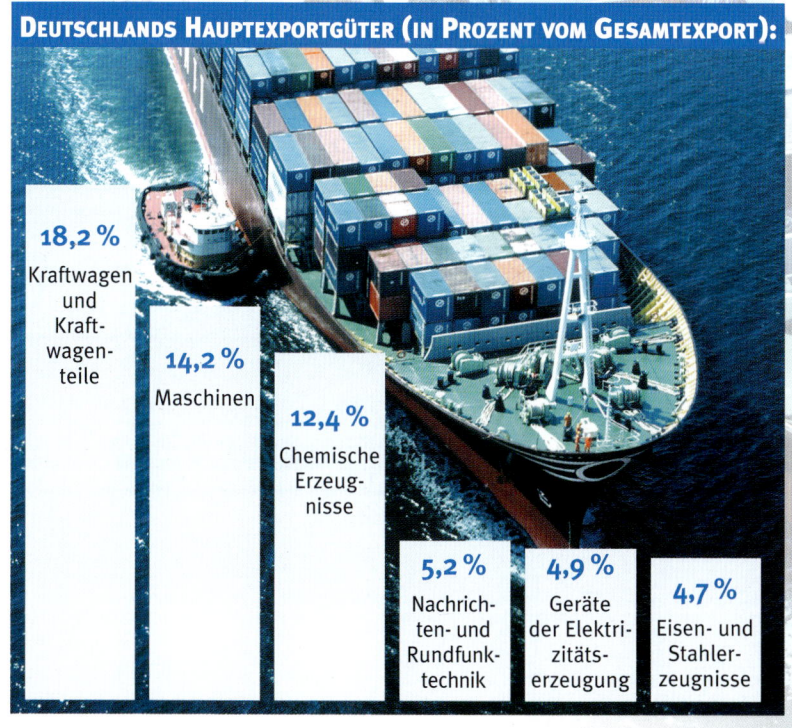

DEUTSCHLANDS HAUPTEXPORTGÜTER (IN PROZENT VOM GESAMTEXPORT):

18,2 % Kraftwagen und Kraftwagenteile

14,2 % Maschinen

12,4 % Chemische Erzeugnisse

5,2 % Nachrichten- und Rundfunktechnik

4,9 % Geräte der Elektrizitätserzeugung

4,7 % Eisen- und Stahlerzeugnisse

Statt vieler nationaler Märkte gibt es heute einen Weltmarkt, auf dem Hersteller aus aller Welt miteinander in Konkurrenz stehen. Für den Verbraucher hat das Vorteile, denn wenn viele Anbieter um Kunden wetteifern, bedeutet dies

Welche Chancen bietet die Globalisierung?

Globalisierungskritiker setzen sich für eine weltweit gerechtere Verteilung des Wohlstands ein.

günstige Preise. Unternehmen, die in weniger entwickelten Ländern Produktionsstätten aufbauen, schaffen dort Arbeitsplätze und bringen moderne Technologie ins Land. So kann die Globalisierung zu steigendem Wohlstand für alle Beteiligten führen. Beispiele sind Deutschland, Österreich und die Schweiz, die viele Arbeitsplätze in der Industrie und im Dienstleistungsbereich dem internationalen Handel verdanken.

Welche Risiken birgt die Globalisierung?

Obwohl der Wohlstand in den letzten 20 Jahren weltweit gewachsen ist, bleibt die Verteilung des Wohlstands unter den Menschen sehr ungleich. Das gilt besonders für Entwicklungsländer, in denen es oft eine sehr kleine, extrem reiche Oberschicht gibt, die Masse der Bevölkerung aber sehr arm ist. Auch stieg das Einkommen in den Industrieländern stärker an als in den Entwicklungsländern. Diese Ungleichheit und die unbefriedigenden Fortschritte bei der Bekämpfung der Armut sind es, die Globalisierungskritiker anprangern. Bis heute ist es trotz internationaler Zusammenarbeit noch nicht gelungen, mehr Gerechtigkeit in den betroffenen Ländern und eine echte Verbesserung der Lebensbedingungen für die Ärmsten zu erreichen.

Der Wettbewerb auf dem Weltmarkt schafft aber auch für die Industrieländer Probleme. Neue Firmen kommen auf den Markt und bieten ihre Produkte häufig günstiger an, als es den heimischen Firmen möglich ist. Dies führt zum Abbau von Arbeitsplätzen. Deshalb versuchen viele Länder, sich durch Handelsschranken vor unliebsamer Konkurrenz zu schützen. Selbst in den In-

Schulunterricht in Senegal – und an einer Privatschule in Deutschland.

SCHULDENKRISE

Viele Entwicklungsländer müssen große Beträge für die Rückzahlung ihrer Schulden und für Zinsen aufbringen. Die 48 ärmsten Länder der Welt sind mit 143 Milliarden US-Dollar bei Banken und staatlichen Organisationen der Industrieländer verschuldet. Ein Schuldenerlass wäre für sie eine große Erleichterung, allerdings muss sichergestellt sein, dass die Geldgeber dies finanziell verkraften können.

Eine Frau in Vietnam auf dem Weg zum Markt.

Der Wohlstand eines Landes wird meist anhand seiner Wirtschaftsleistung ermittelt. Doch bei dieser Durchschnittsrechnung kann auch dann noch ein recht guter Wert herauskommen, wenn einige Menschen sehr reich sind und viele sehr arm. Daher haben Fachleute einen Maßstab entwickelt, der auch andere Faktoren berücksichtigt, die die Lebensqualität in einem Land beschreiben: zum Beispiel Gesundheit, Lebenserwartung und Bildungsstand der Bevölkerung. Gemessen an der Lebensqualität sind Kanada, Norwegen, die Niederlande und die USA Weltspitze. Es folgen Japan, Großbritannien, Frankreich, die Schweiz und nach ihnen Deutschland, Dänemark und Österreich. Zu den reichsten Staaten der Welt gehören auch kleine Staaten wie Luxemburg und Hongkong. Die ärmsten Länder der Welt liegen in Afrika: Äthiopien, Burundi, Sierra Leone und Malawi.

In den 90er Jahren erlebten die „Tigerstaaten" Asiens – Hongkong, Singapur, Taiwan und Südkorea – einen Wirtschaftsboom. Heute ziehen die „Tiger der zweiten Generation" nach, zu denen Thailand, Malaysia, Vietnam und China zählen.

DER GEMEINSAME EUROPÄISCHE MARKT

Um den Handel innerhalb Europas zu erleichtern, haben die Mitgliedstaaten der Europäischen Union den europäischen Binnenmarkt geschaffen. Binnen bedeutet „innerhalb der Grenzen der EU". Die Passkontrollen zwischen den EU-Ländern wurden abgeschafft, die Bürger der EU können in jedem Mitgliedsland leben, arbeiten und Geschäfte tätigen. Waren, Dienstleistungen und Kapital werden frei gehandelt, das heißt, sie passieren die Grenzen ohne größere Formalitäten oder Zölle. Die Güteklassen und Vorschriften für die Produkte wurden vereinheitlicht, damit die Firmen ihre Waren europaweit anbieten können. Der gemeinsame europäische Markt umfasst mehr als 375 Millionen Menschen. Wenn im Jahr 2004 die so genannte Osterweiterung, der Beitritt einer Reihe von osteuropäischen Staaten, in die Tat umgesetzt wird, werden es mehr als 435 Millionen sein. Der europäische Binnenmarkt ist dann der größte Markt der Welt.

dustrieländern, die sich für den freien Welthandel stark machen, ist Konkurrenz oft nicht gern gesehen – besonders nicht in Branchen, die wirtschaftlich in Schwierigkeiten sind. Das gilt auch für die Europäische Union: Hier versucht man, durch hohe Zölle die eigene Landwirtschaft und Textilindustrie vor billigen Importen aus Entwicklungsländern zu schützen.

Um die Lebensbedingungen in den armen Ländern der Erde zu verbessern, müssen sowohl die Industrieländer als auch die Entwicklungsländer tätig werden. Von den Entwicklungsländern wird die Gewährung von Freiheitsrechten für die Bürger gefordert, damit diese sich politisch und wirtschaftlich frei betätigen können. Eine funktionierende Verwaltung und die Schaffung

Wie können mehr Länder den globalen Handel nutzen?

verlässlicher Rechte und Gesetze sind weitere Voraussetzungen. Wichtig ist auch, dass in einem Land Frieden herrscht: Staaten, die unter Kriegen und Bürgerkriegen leiden, haben keine Chance auf wirtschaftliche Entwicklung. Ein weiteres großes Problem vieler Länder ist, dass die Machthaber oft in die eigene Tasche wirtschaften, anstatt die Lebensbedingungen der Bevölkerung zu verbessern, zum Beispiel durch den Bau von Schulen oder Krankenhäusern. Um inländische Betriebe zu fördern und ausländische Unternehmen anzusiedeln, ist ein funktionsfähiges Energie-, Kommunikations- und Verkehrsnetz notwendig. Für die Umsetzung solcher Maßnahmen sind die Entwicklungsländer allerdings auf die finanzielle Hilfe und das Know-how der Industriestaaten angewiesen.

Für sie ist zudem wichtig, dass die Industriestaaten Handelshindernisse abbauen und ihre Märkte für Waren aus den Entwicklungsländern öffnen. Würde zum Beispiel die EU ihre Märkte für Textilien und landwirtschaftliche Produkte aus den Entwicklungsländern öffnen, hätten diese mehr davon als von vielen Milliarden an Entwicklungshilfe.

Die „Tigerstaaten" Asiens gehören zu den Ländern, die vom internationalen Handel profitiert haben.
Rechts: Fahrradfertigung in Taiwan.
Mitte: Betrieb auf den Straßen von Taipeh, der Hauptstadt Taiwans.

Wirtschaft, Umwelt und soziale Gerechtigkeit

Kann die Wirtschaft unbegrenzt wachsen?

Wirtschaften bedeutet, dass wir Rohstoffe aus der Natur in Produkte umwandeln, die uns Menschen nützen. Diese Produkte werden später wieder als Abfall an die Natur zurückgegeben. Durch Wiederaufbereitung, so genanntes Recycling, lässt sich der Nutzungskreislauf zwar verlängern, aber dennoch bleiben irgendwann nicht mehr nutzbare Abfallstoffe zurück.

Wo eine rege Wirtschaftstätigkeit herrscht, werden viele Rohstoffe verbraucht und durch Verkehr, Heizung und Industrie Schadstoffe freigesetzt. Pro Jahr werden weltweit zwölf Tonnen Kohlendioxid in die Erdatmosphäre entlassen – die Folgen für das Klima auf der Erde sind kaum vorhersehbar. Immer mehr Wälder werden gerodet, um Holz und Flächen für die Landwirtschaft zu gewinnen, immer mehr nutzbare Land-

wirtschaftsfläche verschwindet unter der Bebauung der Menschen. Weltweit sterben jeden Tag unzählige Tier- und Pflanzenarten aus. Immer mehr Menschen leben in einer zerstörten, lebensfeindlichen Umwelt.

Wenn die Weltbevölkerung in wenigen Jahrzehnten neun Milliarden Menschen umfasst, wird die Belastung für Natur und Umwelt einen Höhepunkt erreichen. Ein weiteres Wachstum scheint dann nicht mehr möglich. Auf diese Entwicklung haben Wissenschaftler in einem Aufsehen erregenden Bericht an den „Club of Rome", genannt „Die Grenzen des Wachstums", schon im Jahr 1978 hingewiesen.

An den Schäden, die wir Menschen der Natur zufügen, insbesondere am Ausstoß von Kohlendioxid, haben die Industrieländer einen weitaus höheren Anteil als die Entwicklungsländer – eben weil dort sehr viel produziert wird. Allerdings verfügen sie auch über die Möglich-

BEVÖLKERUNGSWACHSTUM

So lange es Menschen gibt, ist die Weltbevölkerung stetig angewachsen – von nur etwa 300 Millionen Menschen in der Zeit von Christi Geburt auf 1,65 Milliarden zu Beginn des 20. Jahrhunderts. Doch in den vergangenen 100 Jahren kam es zu einem geradezu explosionsartigen Anstieg der Weltbevölkerung: Heute leben mehr als 6 Milliarden Menschen auf der Erde. Bis zum Jahr 2050 rechnen die Wissenschaftler mit einer Zunahme um weitere drei Milliarden Menschen. Der Kampf um die knappen Ressourcen dieser Erde, um Wasser, landwirtschaftliche Nutzfläche und Rohstoffvorräte, wird daher noch zunehmen.

Trinkwasser ist ein kostbares Gut. Doch Bevölkerungswachstum und Umweltverschmutzung lassen den Vorrat an sauberem Wasser in manchen Gebieten der Erde immer knapper werden.

Natur und Umwelt für die nächsten Generationen zu bewahren – dafür engagieren sich viele Jugendliche.

Recycling von Aluminium.

Moderne Technik hilft, die Belastung unserer Umwelt zu verringern – durch Wiederaufbereitung von Abfallstoffen und umweltfreundliche Formen der Energieerzeugung wie Windkraft und Brennstoffzelle.

keiten, diese Umweltbelastung durch moderne Technik zu verringern. Sie können Abfälle recyceln oder umweltschonend entsorgen, Kläranlagen bauen und Kraftwerke mit Schadstoff-Filtern versehen – wenn sie bereit sind, dafür höhere Kosten in Kauf zu nehmen.

Zusätzlich stehen heute neue Technologien zur Verfügung, die vielleicht helfen können, die Grenzen des Wachstums ein wenig hinauszuschieben. So sind Sonnen- und Windenergie prinzipiell unbegrenzt vorhanden. Neue Formen der Energiegewinnung wie die Brennstoffzelle lassen Hoffnung für die Zeit aufkommen, wenn die heutigen Energieträger Kohle, Erdöl und Erdgas aufgebraucht sind. Dennoch ist ungewiss, wie viel weiteres Wachstum unser Planet verträgt.

Neue Technologien können zur Verbesserung der Lebensqualität der Menschen beitragen und vielleicht manche Probleme auf der Erde lösen. Doch sie sind vielfach auch umstritten: Sie sind noch nicht erprobt und ihre langfristigen Auswirkungen kaum bekannt. Wo viel Gutes erreicht werden kann, steht oft auch viel auf dem Spiel. Die Diskussion um die Biotechnologie, insbesondere die Gentechnik, die Eingriffe in das Erbgut von Menschen, Tieren und Pflanzen ermöglicht, zeigt dies deutlich. Hier ist neben technischen und wirtschaftlichen Überlegungen auch die Politik gefragt: Der Staat muss Gesetze schaffen, um den Missbrauch der Technik zu verhindern; Forscher und Anwender müssen sich um eine sinnvolle, den Menschen dienende Nutzung bemühen.

> **Können neue Technologien unsere Probleme lösen?**

Brennstoffzellen erzeugen Strom aus Wasserstoff und Sauerstoff und könnten in Zukunft auch als Antrieb für Autos dienen.

Ein weiteres großes Problem unserer Zeit stellt die ungleiche Verteilung des Reichtums auf der Erde dar. Der Abstand zwischen reichen und armen Ländern ist in den vergangenen zehn Jahren noch größer geworden. Die großen Industrieländer stellen nur knapp 12 % der Weltbevölkerung, verfügen aber mit einem Pro-Kopf-Einkommen von mehr als 20 000 US-Dollar über 70 % des weltweiten Einkommens. In den 48 ärmsten Ländern der Welt müssen die Menschen mit einem Jahreseinkommen von 400 US-Dollar oder weniger auskommen. Ein Fünftel der Menschheit lebt in bitterster Armut.

Unterernährung und mangelnde medizinische Versorgung haben zur Folge, dass in den ärmsten Ländern jedes fünfte Kind vor seinem fünften

Wie sind Reichtum und Armut auf der Erde verteilt?

Geburtstag stirbt. In Afrika rafft die Immunschwächekrankheit Aids Millionen von Menschen dahin. Die Menschen in Entwicklungsländern leben im Durchschnitt 30 Jahre kürzer als in den reichen Ländern der Erde. 24 000 Menschen sterben täglich an Hunger. Um ihre Familie zu unterstützen, müssen viele Kinder in den ärmsten Ländern arbeiten, oft mehr als zehn Stunden am Tag. Sie können keine Schule besuchen und keine Ausbildung machen. Auch in den reichen Ländern der Erde steht nicht alles zum Besten: Hohe Arbeitslosigkeit stellt zum Beispiel die Menschen in Deutschland vor große Probleme.

Um die vielfältigen Probleme auf der Erde lösen zu können, müssen wir uns um eine Entwicklung bemühen, die ein Gleichgewicht zwischen Wirtschaft, Umwelt und sozialer Gerechtigkeit wahrt. Dafür hat sich der Begriff „nachhaltige Entwicklung" eingebürgert. Nachhaltige Entwicklung soll unseren Planeten für künftige Generationen lebenswert erhalten. Ihr Ziel ist es, Hunger und Armut

Was bedeutet nachhaltige Entwicklung?

KINDERARBEIT

In der Dritten Welt müssen etwa 250 Millionen Kinder im Alter zwischen 5 und 14 Jahren arbeiten, um sich und ihre Familien zu ernähren: als Teppichknüpfer, als Bergwerksarbeiter oder als Pflücker auf Kaffee-, Kakao- und Teeplantagen. In der Wirtschaft vieler Entwicklungsländer herrschen heute Bedingungen wie in Europa vor 200 Jahren, zu Beginn der Industrialisierung.

Initiativen wie Rugmark versuchen, gegen Kinderarbeit – wie hier auf Java, Indonesien – vorzugehen. Das Siegel (oben) garantiert, dass keine Kinder bei der Herstellung beteiligt waren.

Hilfsorganisationen wie Plan International verwirklichen nachhaltige Projekte: Weiterbildungsprogramme für Frauen, medizinische Versorgung sowie der Bau von Schulen gehören dabei zu den wichtigsten Aufgaben.

ARMUT IN EUROPA

Nach dem Maßstab der Weltbank gilt als arm, wer pro Tag umgerechnet weniger als einen US-Dollar zur Verfügung hat. Weltweit sind das über eine Milliarde Menschen. Verglichen mit ihnen ist in Europa niemand arm. Dennoch gibt es auch bei uns Armut, und zwar relative Armut. Nach europäischem Maßstab gilt als arm, wer aus Mangel an Geld nicht so leben kann wie die Mehrheit der Menschen in seinem Land, wer also von der allgemein üblichen Lebensweise ausgeschlossen ist. Arm ist demnach in Deutschland eine vierköpfige Familie, die weniger als die Hälfte des Durchschnittseinkommens zur Verfügung hat, also weniger als 1250 Euro. So betrachtet ist in Deutschland jeder zehnte Erwachsene arm, von hundert Kindern wachsen elf in Armut auf. Arbeitslosigkeit und Kinderreichtum sind in Mitteleuropa die Hauptursachen für Armut. Um sie zu bekämpfen, müssen die Mechanismen des sozialen Ausgleichs immer wieder geprüft und korrigiert werden.

Nähkurs für Frauen auf Sri Lanka.

Auf dem Gipfel für nachhaltige Entwicklung in Johannesburg 2002 erhielten auch eine Reihe von Jugendlichen Rederecht.

in der Welt zu bekämpfen und die Umwelt vor weiterer Zerstörung zu bewahren – und dies in allen Ländern der Welt, ob arm oder reich.

ENTWICKLUNGSHILFE

Die Industrieländer unterstützten die Entwicklungsländer 2001 mit 51,4 Milliarden US-Dollar. Größte Geberländer waren die USA, Japan, Deutschland und Großbritannien. Ziel ist die „Hilfe zur Selbsthilfe", um die Länder nicht langfristig zu Hilfsempfängern von außen zu machen. Daher spielen Ausbildungsprojekte eine wichtige Rolle. In vielen Ländern werden Kleinkredite an Bauern und Gewerbetreibende gegeben, um diesen zu ermöglichen, sich Land zu kaufen oder zu pachten und damit selbstständig ihren Lebensunterhalt zu verdienen.

> **Was hat Wirtschaft mit Verantwortung zu tun?**

Das Engagement für eine nachhaltige Entwicklung kann daher ganz unterschiedlich aussehen. Regierungen zum Beispiel können den Einsatz umweltschonender Formen der Energieerzeugung fördern und so zum Schutz des Erdklimas beitragen. Sie können sich dafür einsetzen, dass mehr Länder als bisher aus dem internationalen Handel Nutzen ziehen. Entwicklungshilfegruppen engagieren sich für die Bekämpfung der Armut in den Entwicklungsländern. Gewerk-

schaften und Kirchen setzen sich dafür ein, dass arbeitslose, kranke und alte Menschen nicht an den Rand der Gesellschaft gedrängt werden. Unternehmen legen in regelmäßigen Berichten Rechenschaft über ihre Fortschritte in Sachen Umweltschutz und sozialem Engagement ab. Gemeinden und Bürger engagieren sich für bessere Umweltbedingungen, zum Beispiel für umweltschonendes Bauen und eine Sicherung natürlicher Ressourcen wie Wälder, Auen und Wasserläufe. Zahlreiche Bürger machen sich Gedanken über Veränderungen ihres Einkaufsverhaltens, um weniger Abfall zu produzieren und durch die Auswahl von Produkten gezielt Entwicklungsprojekte zu unterstützen.

Wir alle sind dazu aufgerufen, verantwortungsbewusst zu handeln: die Unternehmen und die dort arbeitenden Menschen, der Staat in seiner Gesetzgebung, die Bürger und Wähler in der Abstimmung für oder gegen politische Entscheidungen und die Verbraucher in ihrem Kaufverhalten. Jeder kann an seinem Platz und mit seinen Entscheidungen dazu beitragen, dass nicht nur kurzfristige Vorteile bedacht werden, sondern auch das langfristige Wohlergehen der Gemeinschaft.

Mittagessen in einer Schule auf Sri Lanka – die Mahlzeit ist für die Eltern ein zusätzlicher Grund, die Kinder zur Schule zu schicken.

Kleines Wirtschaftslexikon

Aktie Anteil am Grundkapital einer Aktiengesellschaft (AG). Aktien werden an der Börse gehandelt. Aktionäre sind Miteigentümer (Gesellschafter) der AG und am Gewinn beteiligt.

Aktienkurs Preis einer Aktie. Werden Gewinne erwartet, steigt der Aktienkurs, drohen Verluste, sinkt er.

Arbeit Jede Form menschlicher Tätigkeit, die etwas schafft oder hervorbringt. Als Produktionsfaktor Arbeit bezeichnet man die menschliche Arbeitsleistung bei der Herstellung von Wirtschaftsgütern. Für die geleistete Arbeit erhalten die Menschen ein Entgelt in Form von Lohn oder Gehalt.

Außenhandel Der Handel eines Landes mit Partnerländern.

Boom Englisches Wort für „wirtschaftlicher Aufschwung" (Hochkonjunktur).

Börse Regelmäßig stattfindender Markt für Güter, deren Wert und Beschaffenheit genau festgelegt ist. Es gibt Börsen für Wertpapiere (z. B. Aktien) oder Warenbörsen, auf denen Rohstoffe gehandelt werden. Käufer und Verkäufer, also zum Beispiel Banken, Unternehmen und Privatleute, treten meist nicht persönlich in Erscheinung, sondern wickeln ihre Geschäfte über Börsenmakler ab.

Branche Französisches Wort für „Wirtschaftszweig".

Bruttosozialprodukt (BSP) Gesamtwert aller in einem Land erzeugten Waren und Dienstleistungen. Das Bruttosozialprodukt wird auch als Wirtschaftsleistung eines Landes bezeichnet.

Bürgschaft Ein Bürge übernimmt die Verpflichtung, die Schulden einer anderen Person zu bezahlen, wenn diese nicht zahlen kann oder will.

Bruttoeinkommen Einkommen vor Abzug von Steuern und Sozialabgaben.

Bilanz Gegenüberstellung der Vermögenswerte und des eingesetzten Kapitals eines Unternehmens.

Deflation Allgemeines Absinken der Preise.

Depression Wirtschaftliche Schwächephase, die auf eine Rezession folgt. In der Depression erreicht die Wirtschaftsentwicklung ihren Tiefpunkt. Danach folgt ein neuer Aufschwung.

Devisen Bankguthaben in fremder Währung. Bargeld in fremder Währung wird „Sorten" genannt; im Sprachgebrauch spricht man aber in beiden Fällen von „Devisen".

Dienstleistungen Arbeitsleistungen, die jemand für einen Kunden verrichtet. Man unterscheidet sachbezogene Dienstleistungen wie etwa eine Auto- oder Waschmaschinenreparatur und personenbezogene Dienstleistungen wie einen Haarschnitt, die Pflege eines Kranken oder ein Essen im Restaurant. Auch die Vergabe von Krediten, eine Bank-, Steueroder Rechtsberatung sowie eine ärztliche Untersuchung sind Dienstleistungen.

Dividende Gewinnausschüttung an die Aktionäre einer Aktiengesellschaft.

Einkommen Geld, das einem privaten Haushalt zur Verfügung steht. Als Einkommen gelten Löhne und Gehälter ebenso wie Renten, Arbeitslosenunterstützung, Sozialhilfe, Dividenden oder Zinseinkünfte.

Einzelhandel Alle Arten von Läden, in denen Waren direkt an den Verbraucher verkauft werden. Dazu zählen Kaufhäuser ebenso wie Fachgeschäfte, Kioske oder der Metzger um die Ecke.

Entwicklungsland Länder mit niedriger Wirtschaftsleistung, hohem Bevölkerungswachstum und wenig Industrie. Über die Hälfte der Weltbevölkerung lebt in Entwicklungsländern, oft in großer Armut.

Europäische Union (EU) In der EU haben 15 europäische Staaten eine enge Zusammenarbeit in Wirtschafts- und Handelsfragen sowie in politischen Fragen vereinbart. Mit 375 Millionen Menschen ist die EU nicht nur das größte Staatenbündnis der Welt, sondern auch ein großer gemeinsamer Markt für Güter, Dienstleistungen und Kapital.

Europäische Währungsunion Im Jahr 2002 haben zwölf Mitgliedsländer der EU eine gemeinsame Währung, den Euro, eingeführt. Der Währungsunion gehören derzeit Deutschland, Österreich, Belgien, Finnland, Frankreich, Italien, Griechenland, Irland, Luxemburg, die Niederlande, Portugal und Spanien an.

Export Ausfuhr von Waren in andere Länder.

Gebühren Abgaben an den Staat, die für eine bestimmte Leistung, wie zum Beispiel die Ausgabe eines Passes oder Personalausweises, entrichtet werden.

Geldmarkt Markt, auf dem kurzfristige Kredite und Finanzanlagen, also Kredite und Wertpapiere mit einer Laufzeit von einem, maximal zwei Jahren, gehandelt werden.

Gewinn Ein Unternehmen macht Gewinn, wenn seine Einnahmen die Ausgaben übersteigen.

Globalisierung Internationaler Austausch von Waren, Dienstleistungen und Kapital sowie die grenzüberschreitende Zusammenarbeit von Menschen. Der Begriff kommt vom griech.-latein. Wort „Globus", das Kugel oder Erdball bedeutet.

Großhandel Großhandelsunternehmen kaufen Waren in großen Mengen direkt vom Hersteller und verkaufen sie in kleineren Mengen an industrielle Großabnehmer oder an den Einzelhandel weiter. Ein Beispiel sind Großmarkthallen, die ihre Waren an zahlreiche kleinere Gemüseläden verkaufen.

Grundschuld Im Grundbuch eingetragene Belastung eines Grundstücks. Der Kreditgeber kann das Grundstück verkaufen oder versteigern, wenn der Kredit nicht zurückbezahlt wird. Im Gegensatz zur Hypothek erlischt die Grundschuld nicht automatisch, wenn der Kredit zurückbezahlt wird, sondern kann für die Aufnahme eines neuen Kredits verwendet werden.

Gut Als Güter bezeichnet man Dinge, mit denen gehandelt wird oder die anderweitig wirtschaftlich genutzt werden. Man unterscheidet freie Güter, die in unbegrenzter Menge zur Verfügung stehen, wie zum Beispiel die Luft, und Güter, die erst von Menschen hergestellt werden müssen (Wirtschaftsgüter). Weil diese immer nur in begrenzter Menge zur Verfügung stehen, heißen sie auch knappe Güter. Zu ihnen zählen Sachgüter wie Autos und Maschinen, Verbrauchsgüter wie Lebensmittel und Gebrauchsgüter wie Kleidung, Möbel oder Werkzeug.

Haushalte Lebensgemeinschaften wie Familien, Alleinstehende und Wohngemeinschaften, aber auch Alten- und Pflegeheime, die nach außen eine Konsumgemeinschaft bilden.

Import Einfuhr von Waren aus dem Ausland.

Industrieland Wirtschaftlich starkes Land, dessen Wirtschaft und Industrie hoch entwickelt sind und das über ein hohes Pro-Kopf-Einkommen verfügt. In den sieben größten Industrieländern, auch „G7" genannt (USA, Kanada, Frankreich, Großbritannien, Italien, Japan und Deutschland), liegt das jährliche Einkommen pro Einwohner bei durchschnittlich 30200 US-Dollar.

Inflation Von lateinisch „inflare": aufblähen. Allgemeiner Anstieg der Preise.

Infrastruktur Alle Einrichtungen, die als Grundlage für die moderne Wirtschaft und Gesellschaft dienen. Dazu gehören Straßen, ein Bus- und Bahnnetz, Strom-,

Gas- und Wasserversorgung, Mülldeponien und Kläranlagen, das Telefonnetz sowie Schulen, Universitäten, Theater, Museen, Bibliotheken und Krankenhäuser.

Innovation Technische Neuerungen, Erfindungen oder neue Produkte, die auf den Markt kommen.

Insolvenz Zahlungsunfähigkeit oder Überschuldung eines Unternehmens oder einer Privatperson, auch Konkurs genannt.

Internationale Organisationen Sie fördern u. a. die wirtschaftliche Entwicklung der ärmeren Länder. Der Internationale Währungsfonds (IWF) unterstützt Entwicklungsländer, die überschuldet sind oder aufgrund eines starken Verfalls des Wechselkurses in Schwierigkeiten geraten sind. Die Kredite des IWF sind jedoch mit strengen Auflagen für das betreffende Land verbunden. Die Weltbank hilft Entwicklungsländern mit Krediten für bestimmte Projekte. Sie berät die Staaten, was getan werden kann, um die Situation der Menschen vor Ort zu verbessern.

Investieren bedeutet, Kapital anzulegen, um damit in der Zukunft einen Gewinn zu erzielen. Investieren kann man in Sachanlagen wie Fabrikhallen oder Maschinen (Sach- oder Direktinvestitionen). Investiert man in Finanzanlagen wie Wertpapiere oder Aktien, spricht man von Finanzinvestitionen. Häufig wird aber auch in neue Mitarbeiter oder die Aus- und Weiterbildung von Angestellten investiert – dies sind dann Investitionen in das „Humankapital".

Investitionsgüter Güter, mit denen man langfristig Kosten und Zeit sparen oder Gewinn erzielen kann. Investitionsgüter eines Haushalts sind zum Beispiel Auto, Waschmaschine und Spülmaschine. Typische Investitionsgüter eines Unternehmens sind Fabrikhallen und Maschinen.

Joint Venture Gemeinschaftsunternehmen, in dem zwei Firmen zusammenarbeiten und sich Gewinne und Verluste teilen.

Kalkulation Berechnung von Kosten und Preisen. Das Wort hat seinen Ursprung im lateinischen „calculare": berechnen, abschätzen.

Kapital Geld, das man anlegen oder investieren kann. Der Begriff Sachkapital bezeichnet den Bestand an Produktionsmitteln, also Maschinen und Werkzeuge, die zur Herstellung von Gütern notwendig sind.

Kapitalmarkt Markt, auf dem längerfristige Kredite und Kapitalanlagen gehandelt werden, also Kredite und Wertpapiere mit einer Laufzeit von über zwei Jahren.

Kartell Zusammenschluss von Unternehmen, um den freien Wettbewerb zu beschränken. Die Unternehmen bleiben zwar selbstständig, sprechen sich aber untereinander ab, zum Beispiel über die Preise. So können höhere Preise am Markt durchgesetzt werden. Kartelle sind nach dem Wettbewerbsrecht verboten.

Konjunktur Bezeichnung für das Auf und Ab der Wirtschaft. Ein Konjunkturzyklus dauert etwa sieben bis elf Jahre.

Konkurrenz Wettbewerb zwischen mehreren Anbietern oder Konkurrenten.

Konsum Von lateinisch „consumere": verbrauchen. Der Verbrauch von Gütern für persönliche Zwecke. Ein Konsument ist ein Verbraucher. Konsumgüter sind zum Verbrauch bestimmte Güter wie zum Beispiel Lebensmittel.

Know-how (englisch für „wissen wie") bezeichnet Wissen und Erfahrung, vor allem auf technischem Gebiet, die im Wirtschaftsprozess erfolgreich eingesetzt werden können.

Kredit Vom lateinischen „credere": glauben. Kreditgeben hat mit Vertrauen zu tun: Es bedeutet, jemandem Geld zu überlassen im Vertrauen darauf, dass der andere es zurückzahlt. Ein Kreditgeber (Gläubiger) überlässt dem Kreditnehmer (Schuldner) Geld für eine bestimmte Zeit. Anschließend muss dieses Geld mit Zinsen wieder zurückgezahlt werden. Häufig gewähren Banken Kredite, es gibt aber auch Kredite zwischen Privatleuten.

Ladenpreis (Endpreis) Preis, zu dem der Einzelhandel ein Produkt an den Kunden verkauft. Der Hersteller kalkuliert zunächst seine Selbstkosten, die zusammen mit dem Gewinnaufschlag den Erzeugerpreis ergeben. Groß- und Einzelhändler schlagen noch die so genannte „Handelsspanne" darauf, um ihre Kosten und ihr unternehmerisches Risiko zu decken. Schließlich kommt noch die gesetzlich vorgeschriebene Mehrwertsteuer hinzu, so dass der Ladenpreis deutlich über dem Erzeugerpreis liegt.

Management Von englisch „to manage": führen, leiten. Als Management bezeichnet man die Geschäftsleitung eines Unternehmens. Ein Manager ist ein leitender Angestellter, der die Geschäfte eines Unternehmens führt, ohne selbst Eigentümer zu sein.

Marge Französisches Wort für die Spanne zwischen zwei Preisen.

Markt Ort, an dem Käufer und Verkäufer zusammentreffen.

Mehrwertsteuer Sie wird auf alle Güter und Dienstleistungen erhoben und beträgt für die meisten Waren und Dienstleistungen 16%, für Bücher und Zeitungen 7%. Die Mehrwertsteuer wird vom Verbraucher entrichtet und ist im Ladenpreis enthalten.

Monopol Von griechisch „monos": allein. Von Monopol spricht man, wenn es für ein bestimmtes Produkt nur einen einzigen Anbieter auf dem Markt gibt.

Nachfrage Wunsch des Käufers nach einer bestimmten Ware. Große Nachfrage nach einem Produkt bedeutet, dass es auf dem Markt sehr begehrt ist und viele Käufer findet.

Nachhaltige Entwicklung Der Begriff wurde 1992 auf der Umweltkonferenz der Vereinten Nationen in Rio de Janeiro, Brasilien, geprägt. Damals unterzeichneten 178 Staaten die „Agenda 21", ein weltweites Aktionsprogramm für eine dauerhafte umweltgerechte Entwicklung (auf Englisch: sustainable development).

Nettoeinkommen Einkommen nach dem Abzug von Steuern und Sozialabgaben.

Preis Gegenwert einer Ware oder Dienstleistung in Geld.

Produkte Dinge, die hergestellt und verkauft werden.

Produktion Von lateinisch „producere": herstellen. Produktion bezeichnet ganz allgemein die Herstellung von Gütern und Dienstleistungen. Im Sprachgebrauch meint man damit vor allem die industrielle Güterherstellung. Häufig spricht man aber auch von der landwirtschaftlichen Produktion oder der Produktion von Dienstleistungen.

Produktionsgüter Güter, die zur Produktion von Waren notwendig sind. Man unterscheidet Rohstoffe, Hilfsstoffe, wie zum Beispiel Schmiermittel, und Betriebsstoffe, wie zum Beispiel Benzin.

Produktivität Verhältnis zwischen der Gütermenge, die hergestellt wurde, und der dafür benötigten Arbeitszeit.

Rendite ist das, was man zurückbekommt, also zum Beispiel der Ertrag des eingesetzten Kapitals (Kapitalrendite). Sie wird meist in Prozent ausgedrückt.

Ressource Englischer Begriff für Quellen, Mittel, wirtschaftliche Reichtümer. Bezeichnet Rohstoff- oder Energievorräte wie Öl oder Erze, aber auch Infrastruktur, Maschinen, Wissen und Know-how.

Rezession Wirtschaftlicher Abschwung.

Rohstoffe Unbearbeitete Grundstoffe aus Landwirtschaft, Forstwirtschaft und Bergbau. Dazu zählen zum Beispiel Getreide, Holz, Erze, Kohle, Erdöl und Erdgas.

Schwellenland Entwicklungsland, das fast schon das Wohlstandsniveau der reicheren Staaten erreicht hat.

Steuern Abgaben an den Staat. Dieser finanziert damit seine Ausgaben. Art und Höhe der Steuern sind genau festgelegt.

Subventionen Staatliche Hilfen für bestimmte Wirtschaftsbereiche oder Industriezweige. So wird zum Beispiel die Landwirtschaft vom Staat durch finanzielle Unterstützung und Steuervergünstigungen subventioniert. Auch Hilfen für private Haushalte oder in Krisen geratene Unternehmen sind Subventionen.

Umsatz Wert aller Produkte oder Dienstleistungen, die eine Firma in einem bestimmten Zeitraum verkauft hat.

Verbraucher Der Verbraucher (Konsument) kauft Waren oder Dienstleistungen auf dem Markt, um seinen persönlichen Bedarf zu decken.

Vereinte Nationen (United Nations, UN) Vereinigung, der sich fast alle Staaten der Welt angeschlossen haben. Ihr Ziel ist, den Weltfrieden zu sichern und die internationale Zusammenarbeit zu fördern. Die UN haben einen Katalog der Menschenrechte aufgestellt, den alle Mitgliedstaaten anerkannt haben.

Vermögen Wertgegenstände, die Privatleuten, Unternehmen oder dem Staat gehören. Zum Vermögen zählen Grundstücke, Häuser, Fabrikgebäude, Maschinen und Geräte ebenso wie Wertpapiere und Aktien. Auch Bildung und Ausbildung, technisches Know-how oder ein fester Kundenstamm sind im weiteren Sinne Vermögenswerte.

Währung Als Währung bezeichnet man das Geld eines Landes. Die weltweit wichtigste Währung ist der US-Dollar. Im Außenhandel werden die meisten Rechnungen in Dollar bezahlt. Auch Yen und Euro spielen noch eine größere Rolle.

Wechselkurs Umtauschkurs zwischen zwei Währungen, auch Devisenkurs genannt. Der Wechselkurs ist der Preis einer Währung. Ist die Nachfrage nach einer Währung auf den internationalen Devisenmärkten gering, so sinkt der Kurs dieser Währung. Ist die Nachfrage hoch, dann steigt ihr Kurs.

Wettbewerb Der Wettbewerb verschiedener Anbieter um Kunden ist ein wichtiges Merkmal der Marktwirtschaft. Dabei versuchen die Unternehmen, durch neue, bessere und günstigere Produkte mehr als die Konkurrenz zu verkaufen.

Wettbewerbsrecht Es soll Preisabsprachen zwischen Unternehmen und Unternehmenszusammenschlüsse verhindern, die den Wettbewerb beschränken. Über die Einhaltung des nationalen Wettbewerbsrechts wacht das Bundeskartellamt in Berlin. Es wird auf eigene Initiative oder auf Anzeige hin tätig.

Wirtschaftlichkeit Verhältnis zwischen dem Erlös, den eine Firma durch den Verkauf ihrer Produkte erzielt, und den anfallenden Kosten.

Wirtschaftsordnung Grundsätze und Spielregeln des Wirtschaftslebens in einem Land. In Deutschland, Österreich und der Schweiz gelten die Grundsätze der sozialen Marktwirtschaft.

Zentralbank Sie ist für die Geldversorgung und die Steuerung des Zinsniveaus in einem Land zuständig. Sie gibt die Banknoten heraus und heißt deshalb auch Notenbank. Für die zwölf Staaten der Währungsunion wird diese Funktion durch die Europäische Zentralbank (EZB) in Frankfurt wahrgenommen.

Zins Preis für geliehenes Geld. Der Kreditgeber, zum Beispiel die Bank, erhält Zinsen als Entgelt für die Überlassung des Geldes, der Kreditnehmer bezahlt den Zins als Preis für das geliehene Geld.

Zölle werden von Staaten auf die Einfuhr ausländischer Waren erhoben. Im Zuge der Öffnung der Märkte für ausländische Hersteller wurden die Zölle heute immer weiter gesenkt.

Index